朝、ふと目が覚めて、少ししてから「死にたい」と思った。
理由はわからない。わからないけれどなんだか「死にたい」と思う。
そのことについて考えてみる。

［Image1］　LucyandBart, Lucy McRae & Bart Hess
《Germination Day One》　2008年

［Image2］　LucyandBart, Lucy McRae & Bart Hess
《Germination Day Eight》、2008年

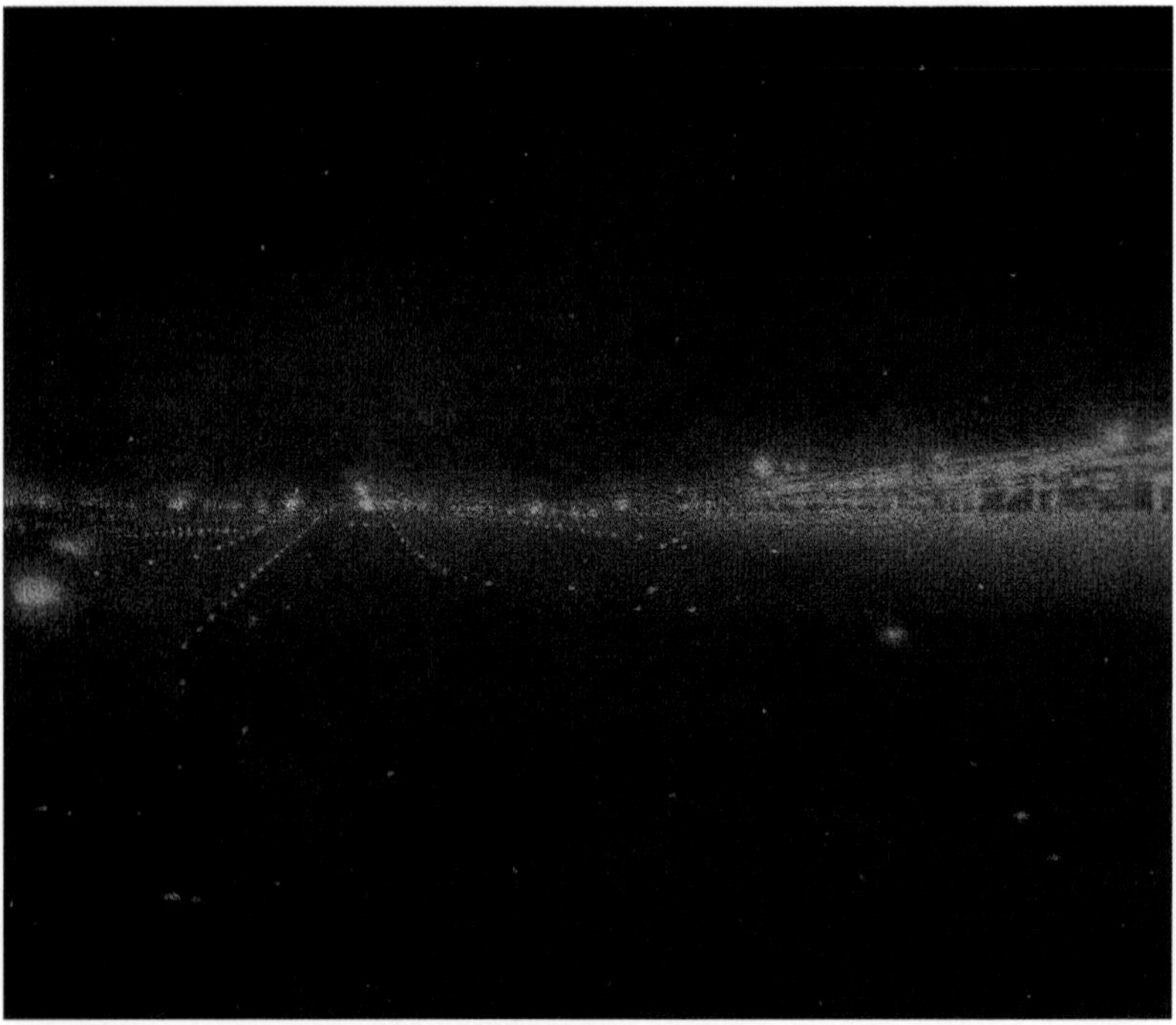

［表紙絵］ 大東 忍
《祖国》 2023年

日常的な延命

～「死にたい」から考える～

本書の構成と簡単なまえがき

序論では、本論の準備段階として、現在の「死にたい」が直面している状況について観察する。たとえば「死にたい」が生まれてくる社会とはいったいどのようなものなのだろう。前提としてその一片を示しておくことが必要だと考えた。「生きづらさ」が産み出される状況を俯瞰することで、読者のみなさんと共有する足場を持つことができるのではないかと思う。

本論第1部は安心欲求論である。ある社会的な事件から論点を抽出し、それを拡大、追求するところから始めたい。宇野常寛や坂口恭平らの著作を通して議論に具体的な厚みを持たせ、「死にたい」への建設的なアプローチを考えていく。また、そのアプローチの応用についても実践的な例を紹介する。本書の中核をなす議論といっても良いかもしれないし、これだけをひとつの回答として独立させることも可能である。

第2部のバーチャル／アクチュアル主体論では、新しい抽象性のあり方について考えている。もちろんこれも、「死にたい」への抵抗として導かれたものである。例えば、筋トレを例にするなどやや実験的な議論も含まれてはいるが、いまを生きる身体の分析は第3章で語られる問題を多角的に捉える際の鍵となる。

第3部の幽霊的「死にたい」論が狙いを定めている対象こそ、最も現代的な「死にたい」の正体、そのひとつではないかと思う。第1部、第2部での議論をもとに、これまでほとんど正面から考えられてこなかった「死にたい」について、その輪郭をできるだけ明らかにしようと試みた。これが筆者には避けては通れない道であるような気がしたのだ。また、それを理解することで、バラバラに語られがちな2010年代という期間への一定の洞察も浮かび上がってくる。

第4部はフランツ・カフカ論である。第1部から第3部までの議論をふまえ、改めてカフカの文学作品を読んでみると、既存の論文、批評などからは距離を置いた挑戦的な解釈へと開かれていることに気づく。彼の作品が彼の生き方それ自体を表しているとまで思えたとき、そこには時空を超えた対話が成り立つだろう。彼の作品が、彼の生き方自体が、「死にたい」から逃れるための新たなヒントも与えてくれる。

＊＊＊

構成の背景にも少し触れておこう。言われたところで当たり前と思うかもしれないが、世の中にはすでにひとつの人生では拾いきれないくらいの議論が蓄積している。ひとりの人間が触れられる範囲なんてそのごくわずかなのであり、またそのひとりの人間が何かの興味に従って意識的に情報を集めようとすれば、そのごくわずかというのがいかに大きな存在であるかがわかる。ネットにも接続する私たちは、時間の蓄積を身を以て知る時代を生きている。

文章を書く、ということに関しても、それはまず編集の問題を避けて通れないのかもしれない。ここでの編集というのは、ひらたくいえば、既存の情報を論旨に従って整理することで「何か言う」という意味合いに近い。扱いきれないほどの情報量が私たちの目の前には存在していて、それらを読み込み、並び替え、ある文脈の元に再縫合することでなにか新しい趣旨を生み出せてしまう。むしろ、新しさを求めるにあたってその可能性に見て見ぬ振りをし続けるのは違和感へも繫がってしまうため、そういった問題意識は「迷いや揺れ」として、２０１０年代以降の批評の文脈にも潜在していたように感じている。

本文の構成も、編集から議論の方向性を生み出し、問題提起のきっかけとなるアウトラインを抽出することを試みている。まずは「読者に知っておいてもらいたい前提」のようにして機能する文脈を整理し、異なる文脈をつなぎ合わせながら改めて提出する。そうして生み出される流れを、本文の主となる持論に合流させる。本文においては、序盤に既存の議論を目的に沿って整理し直したものを並べ、中盤以降にそこから独立した議論を展開していくことが企図されている。

＊　＊　＊

自分自身も、日常的な延命の最中にいるのだと思った。「死にたい」は状況に見合った行き先を見つけられずに、彷徨い続けた。「死にたい」とはどのようなものなのか。無論、答えは人それぞれに異なっている。だからこれは、自分で自分の悩みに答えを出すために書いた文章である。

「死にたい」はもはや社会性を帯びてしまった言葉だといっても良いだろう。貧困だったり、毒親だったり、そのまわりを囲んだ言葉とセットでひとつの言論環境が作り出されている。だからこそ逆に、「死にたい」の話にはしばしば固有性を求めた文学的な言い回しが選ばれたりもする。だが文学的な言い回しに頼りすぎるからこそ、こぼれ落ちる何かがたくさんあるようにも思える。

自分が考えてきた道がいかなるものであるかを示す。社会性を帯びた「死にたい」という言葉とともに、固有の音を鳴らす。読者の方々はどのように生きているのか、どのように感じているのか。その意見を知ることができたらと思い、この一冊の本を記した。

本書は、「死にたい」を抱えている人に向けても書かれている。ぼんやりとした社会の構造や主体についての落とし所のようなものが見つかったとき、心は少しラクになるかもしれない。過去の作家たちの言葉に耳を傾けることができれば、彼らは頼りの友にもなるだろう。どの部分であってもよいが、この本があなたにとっても何かを思わせるものであれたらと願う。

日常的な延命 ～「死にたい」から考える～ 目次

第1部

安心欲求論

第2部

バーチャル／アクチュアル主体論

第3部 幽霊的「死にたい」論

第4部 フランツ・カフカ論

序論　承認欲求社会の生きづらさ

日本は未だに毎年20000人近くの自殺者を抱えている。厚生労働省の「人口動態統計」をみれば、15歳～34歳の若い世代における死因の第1位が自殺となっているのが、G7の中では日本だけであることがわかる。40代の死因も、1位ががんに変わるだけで2位には自殺が入ってくる。死亡率は、他国に比べて明らかに高いものとなっている。死因の多くが自殺とは、端的にいっておかしな事態ではないか。

自殺を考えている人々の潜在的な数も多いはずだ。「死にたい」と大きな声で出すことは憚られる代わりに、より雰囲気をライトにした「生きづらい」という言葉が社会では多用されている。これは生きづらくてもどうであれ「生きていける」というところに肯定的な意味合いがつくからだろう。言い換えのギミックを使っているものの、感情の方向性として「死にたい」と「生きづらい」には近いものがある。

生きづらい社会のなかに暮らしているという意識は、もはや一般的なものに近い。2019年にビッグローブが調査対象者1000名（インターネット利用者のうちスマートフォンを所有する全国の20代～60代の男女1000名）に行った調査では、「現在の世の中は生きやすいか」という質問に対し、全体では7割以上が「生きやすくない」と考えていることがわかった。[*1] 生きやすい、やや生きやすい、あまり生きやすくない、生きやすくないの割合はそれぞれ、2・8%、25・2%、44・9%、27・1%であった。とりわけ生きやすいの2・8%に対して生きやすくないの27・1%という数値は、事態の深刻さを浮き彫りにしている。

「生きづらさ」を抱える人々は、いったいどんな社会に生きているのだろうか。様々な見方が考えられるが、たとえば作家の橘玲が示しているような、ステイタスを土台におく「評判格差社会」の例がわかりやすい。

人とステイタスとの関係、どのようにしてステイタスは上げられるのか、そしてアイデンティティ融合の話。橘によるこれら3つの主要な議論を踏まえれば、現在のキャンセルカルチャーの構造までもが視野のうちに入ってくる。まずは橘の整理を参照しつつ「評判格差社会」というものの様相を明らかにしていきたい。

はじめにステイタスの話から。ステイタスなんて気にしなくても楽しく生きていける！たとえばあなたはそう思うかもしれない。だがこれに関しては、科学的な見地に基づく立論も多いため、実際には人はステイタスに敏感であるとの見方の方が説得的だ。簡単にいえば、人は他者からの評価や共同体での評判などによって脳の報酬系が刺激されると、ドーパミンやエンドルフィンなどの神経伝達物質を脳内に放出する。これら神経伝達物質の働きにより、人は強い幸福感を覚えたり、自己肯定感を高めたりするわけである。[*2] 一般的に、完全には遮断しづらい他者との交流やそこから生まれる評価というものがあり、さらに全てをコントロールするなんて到底不可能な脳による反応である点をふまえるならば、ステイタスから完全に目をそらすことは難しい。

橘は、人がどれくらいステイタスを感知するのか、その具合を示すような事例も紹介している。サイバーボールという、コンピューターゲームを用いた実験だ。ここでは、脳画像撮影装置に入った被験者は、ディスプレイ上において他の2名と一緒に、3人で仮想のキャッチボールを行う。しかし時間が経過するうちに、他の2人は被験者をのけ者にして、自分たちだけでボールをまわすようになる。これはコンピューターのプログラムに過ぎないのだが、被験者は理由もなく仲間外れにされたように感じてしまう。この時の脳の様子を観察すると、身体的な痛みと関係している部位の活動が高まっていることがわかる。仲間外れにされれば、脳はそれを殴られたり蹴られたりするのと同じように感じてしまうのだ。[*3]

この実験から分析できるのは、なぜステイタスが低いと健康を害してしまうのかということだ。端的にいうならば、脳は「一定の刺激に対して一定の反応を返す器官」であり、精神的な痛みと肉体的な痛みを区別することが難しい。殴る蹴るなどの物理的な暴力を毎日のように振るわれていれば、（体の痛みから）人はその生活に健康なんて感じることはできないだろう。同じような仕組みで、身近な批判や仲間外れなどを通してステイタスの低さを日々意識させられるならば、脳はそこに大変な堪え難さを覚えてしまうのである。[*4]

橘によれば、人類が進化の大半を過ごした旧石器時代において、「ステイタスが下がる（共同体から排除される）ことは文字通り死を意味した」。こうして脳はステイタスが下がる際に「このままでは死んでしまう」という警報を鳴らすようになっていった。その結果として、現代人は「ささいな批判や噂を過剰に意識して動揺し、ストレスホルモンを大量に分泌させ、交感神経がつねに亢進している状態」になってしまう。現代社会においては、脳によるいくらか不都合なこの仕組みが、身体的、精神的な不調を様々な仕方で引き起こしているのである。[*5]

＊＊＊

ではどのようにしてステイタスを上げることができるのか。これが橘の「評判格差社会」論における2番目の要点である。大きく分けて3つの戦略が示唆されている。

まずは「成功ゲーム」と呼ばれるものだ。[*6] わかりやすく言えば、「自分が成功者であることを見せびらかす（顕示する）」行いである。たとえば豪邸に住んだり、高級車に乗ったり、ブランドものでファッションを固めたりする様（顕示的消費という）を見せるのだが、これはお金持ちという意味で本当に成功していなければうまくは行えないからこそ、効果がある。借金をしながら一時的に見せびらかしたところで破綻が待っているのは明らかなのであり、全員が簡単にできる類のものではない。しかしながら、SNSの登場はこの「成功ゲーム」に新たな一面を加えた。たとえばフォロワー数の多さなどが大きな影響を持つようになる。フォロワーのほとんどいない大金持ちか、大勢のフォロワーを持つインフルエンサーか、どちらがステイタスを上げるのに「成功」しているのかという点に関して、見方はこれまでのものから変わっている。アルゴリズムの影響力を考えれば、フォロワー数に加えてインプレッション数という計りが加わることも考えられるはずだ。

次に「支配ゲーム」について説明する。[*7] これは「高い権威によってステイタスを示す」行いであり、問題はいかにしてその「支配の正統性」を持ち得るのかということになる。そのために人は、選挙に出馬して当選を目指したり、会社での出世を追い求める。「権威の源泉」を見せることで他人を説得する。これもまた、高い地位が多数に分配されているわけではないという点で、限られた人にのみ達成することのできるゲームである。

そして「美徳ゲーム」。[*8] これは「自分の方が相手よりも道徳的に優れていると誇示する」ことで、ステイタスを上げようとする試みである。まず他の2つのゲームとの大きな違いとして、「美徳ゲーム」には、「成功ゲーム」の証拠、「支配ゲーム」の肩書のような、必要とされる達成がない。お金やフォロワー数を持っていなくても、会社で出世をしていなくても、道徳的な行いをすることで「美徳ゲーム」を進めることができる。たとえば

「家族を助けること」、「自分の属する集団を助けること」、「恩を返すこと」、「勇敢であること」、「目上の者に従うこと」、「資源を公平に分けること」、「他人の財産を尊重すること」など、普遍的と思われるような美徳がただ達成されればよいのである。

しかしここでの問題として、そういった道徳律の達成が意外な難しさを伴うことも忘れてはならない。自己犠牲を伴う行為など、リスクやコストがついてくる場合が多いということだ。「真の美徳は、ほとんどのひとができないからこそ、高い価値をもつ」というのは、まさに多くの人が想像する通りなのである。

そして「美徳ゲーム」における戦略はこれだけでは終わらず、じつはより簡単で効果的な方法がある。それはあえて「不道徳な者を探し出し、『正義』を振りかざして叩くことで、自分の道徳的地位を相対的に引き上げ、美徳を誇示する」というものである。ちなみに、近年の脳科学が発見した不都合な事実のひとつとして、「不道徳な者を罰すると報酬系が刺激されて快感を得るように脳がプログラムされている」ことすら明らかになっている。

先に「成功ゲーム」と「支配ゲーム」について紹介したが、これらのゲームはうまくプレイすることが難しい。簡単に大金や大量のフォロワーを獲得したり、高い地位にある役職につくことは難しい。ゆえにというべきか、ステイタスを向上させるために、まだステイタスの低い人々が大挙して「美徳ゲーム」になだれ込んでくるようになったというのが、とりわけ近年における流れなのだと整理される。「自らを『被害者』と位置づけ、正義の名の下に他者を糾弾」する。それは「社会的・経済的な地位に関係なく誰でもできる」ことなのであり、「SNSはそれを匿名かつローコスト（ただ）で行なうことを可能にした」のだ。こうして「美徳ゲーム」はキャンセルカルチャーにも合流する。

「成功」「支配」「美徳」。この3つのゲームによって人はステイタスの向上に躍起になっている。「評判格差社会」を支える「アイデンティティ融合」についても、最後に言及しておこう。

＊＊＊

「アイデンティティ融合」とは、簡単な例を出せば推し活である。自分はこの人を推していますといいながら同時に、その対象の持つ文脈を自分のアイデンティティとして重ね合わせる。自分がどのような人か、それを考える際には、BTSを推している自分、羽生結弦を推している自分、特定のアニメキャラを推している自分として表現する。[*9] アメリカの球場の様子が映し出された際、大谷翔平選手のホームランをさも自分の活躍であるかのように威張った振る舞いをする現地の日本人の姿が、他の外国人との比較でより目立ってしまうこともあるだろう。それなども同じ日本人である大谷選手に「アイデンティティ融合」しているがゆえに生まれる現象である。

この「アイデンティティ融合」をふまえれば、自分という個人へのアプローチである「成功」「支配」「美徳」のゲームに加えて、集団にアプローチすることの可能性がもうひとつの戦略として浮かび上がる。「帰属する集団のステイタスが上がれば、それにともなって、自分のステイタスが（心理的に）上がり、自己肯定感が高まる」ことが考えられる。[*10] ある意味のまとまりのグループに、自らのアイデンティティを重ね合わせてしまっているからだ。

アメリカで現在目立っているのは、「エリート・ワナビーズ」と呼ばれる人々の例である。[*11]「エリートの過剰生産」という社会問題がここに合流し、物事を厄介にする。無理をしてでもよい大学に入ろう、大卒の肩書を得ようとした若者たちは、結果的に多額の学生ローンを背負い、大卒にもかかわらず満足な仕事につけていない。ミレニアル世代（1981年

〜1996年生まれ）やZ世代（1990年代半ば〜2010年代生まれ）の若者たちがこうして社会に溢れているというのがアメリカの状況である。大学に入ることがかなり身近な選択肢となっている日本の若者のことを考えてみても、状況は似てくるのではないか。

「エリート・ワナビーズ」は、「これまでの努力にふさわしい社会的地位が与えられていないと感じているので、主観的にはステイタスが低い」と言える。そのステイタスの低さを埋め合わせるために、「人種・ジェンダー・性的指向など自分が帰属していると感じる集団にアイデンティティ融合し、ステイタスを引き上げよう」とする。『社会正義』の活動家が、ポリコレに反した差別的な言動をする敵を探し出し、バッシングする」。

生物的に、人はステイタスに対して過剰に敏感である。そのステイタスを上げるゲームは、誰もが躍起になれる「美徳ゲーム」を中心に、SNSの影響力も加わって熾烈なものになっている。他者を叩き、自らの位置を相対的に引き上げようとするこの試みは、キャンセルカルチャーにまで繋がっている。これが「評判格差社会」の現実である。

橘が整理する「評判格差社会」の様相は、「アテンション・エコノミー」とも状況を共有していると言えるだろう。アテンション・エコノミーとは、人々の関心や注目の度合いが経済的価値を持ち、まるで貨幣のように交換材として機能する状況や概念のことである。[*12] 日本語では「関心経済」や「注意経済」という言葉で呼ばれることもある。

前述のステイタスをいかにして上げるかという話を参考にすれば明らかなように、もはやフォロワーの数や自分の道徳的な立ち位置というのは、大勢を巻き込み、経済に影響するための要素として十分に大きなものとなっている。アテンションをいかに獲得するかということは、ステイタスをいかに獲得するかということと、ほとんど隣り合わせにもなってきているのだ。

だが本文では、こうした「評判格差社会」や「アテンション・エコノミー」の議論を含めた状況として、より大きな「承認欲求社会」という枠組みを考えてみたい。承認欲求というのは日本でもより広く長く通用している言葉であり、たとえば他者からの称賛や社会的地位を得ることによってそれが満たされるのも想像がつきやすいのではないか。

様々な言葉で言い換えることは可能であるが、橘の「評判格差社会」というのも「承認欲求社会」のひとつの解釈としてみなすことができるし、アメリカの現状やキャンセルカルチャーの文脈をふまえての橘の構想というものがあるはずだ。[*13] 本文では、すでに存在してきた他の承認欲求論との兼ね合いや議論の趣旨を鑑み、「承認欲求社会」と言い換える形で上記のような状況の分析を行っていく。承認欲求という大元のエンジンがあってこそ、SNSやステイタスの議論が生まれてくると考える。

そして重要な問題に立ち返ろう。承認欲求社会を生きることで、人は「生きづらさ」を感じるのではないか。こう書くとあまりに当たり前のように聞こえるかもしれないが、承認欲求社会のなかで人が擦り切れてしまう、疲弊してしまうというのは明らかである。

もはやSNSは社会に対して莫大な影響力を持ち得ているため、否が応でもそのアテンション・エコノミーに従わなくてはいけないこと。評判やその評判の格差を気にするのであれば、他者からの攻撃に対して必要以上に注意深く身構えなければならないこと。こうした状況に人は勝手に巻き込まれてしまう。それに、大規模化した承認欲求社会を消し去ることも不可能である。苦しくてもそのなかで生きていかなければならない。こうした状況が人々の心を蝕んでいく。

アメリカではZ世代の別の呼び名として「iGen」というものがある。10代の人格形成期を、SNSという社会的かつ商業的な実験に没頭して過ごした、そして現在も過ごし続けている最初の世代である。近年のアメリカでも、iGenの不安症やうつ病の罹患率、および自殺率がミレニアル世代のそれよりはるかに高いということが大きな問題になっている。

生きづらい、その先に待つのが自殺につながる言葉であってもおかしくはない世の中である。「死にたい」を抱えてしまう。

＊＊＊

では「死にたい」をなくすためには、こういった社会自体を変えてしまえば良いのではないかと考えるかもしれない。だが前述した通り、アテンション・エコノミーはそう簡単に変わりはしないだろうし、今後も続くであろう。どのような思考の筋道を立てていくべきなのか。

そのヒントとして、本来性と疎外という哲学的な議論にまで戻って考えてみたい。疎外とは一般に、人間が本来の姿を喪失した非人間的状態のことを指す。本来性の志向とは、もともとはこうであったのに、そこから疎外されているから、本来の姿に戻らねばならないという過去への回帰願望のことである。本来的なものとは、もともとそうであった姿として想定されるもののことであり、したがって、本来性という概念は過去形のものでしかあり得ない。

もとはSNSに依存した経済、社会なんてなかったんだから、それをやめればよいのだ！　SNSや、さらにはそれを促進させるスマホの存在も悪い！　評判を気にしなくてすむように、社会全体で「SNS以前」「スマホ以前」にあえて戻ろう！　それらが自分たちを本来の姿から遠ざけている！

たとえばこのような声が想定できるように、本来性にもとづいて疎外論を構築するならば、その議論は強力に保守的なものとなり、時に凶暴な、暴力的なものにすらなってしまう。本来性を意識してつくられた疎外論は、現在の姿を全面否定し、過去の姿へと回帰するよう要請することがあり得るからだ。

哲学者の國分功一郎によれば、「疎外」は哲学の歴史の中で、「本来性」の概念と切り離し難いものだとして危険視されてきた。[*14]「人間はそもそもこうではなかった」というように、「戻っていくべきそもそもの姿」すなわち「本来の姿」というものをイメージさせるからである。

しかし「疎外」の概念のすべてを本来性との共犯関係において遠ざけてしまう必要はない。「疎外」とわざわざ名指さなくても人は疎外された状態を感じ、「何か違う」「人間はこのような状態にあるべきではない」という気持ちを持ち得る。そして疎外の概念は、問題の原因を究明し、それを改善するよう試みることを可能にする。

ゆえに注意するべきなのは、本来性の扱い方のほうである。國分が指摘するように、疎外を徹底して思考しながら、本来性の誘惑に囚われることなく、新しい何かを創造しようとすることこそが重要となる。戻っていくべき本来の姿などないことを認め、かつ「疎外」という言葉で名指すべき現象からも目を背けないこと。

たしかにアテンション・エコノミーのなかで、承認欲求社会のなかで、人々は「疎外」

されているかもしれない。生きづらさは絶えない。だがそこから「本来の姿」を想定して今あるものを排除するような議論に進む必要もない。そして、「本来性」とともに「疎外」の概念すら遠ざけて、現状追認の思想を持ち続ける必要ももちろんない。現実から目を背けず、慎重に「疎外」だけを取り出した分析を目指す。

そのことを記して、本論を開始する。

［序論　注釈］

＊1　「人生100年時代『望んでない』割合は？　20代は8割が〝生きづらい〟世の中に」（ITmedia ビジネスオンライン、2019年）
＊2　『世界はなぜ地獄になるのか』142頁
＊3　『世界はなぜ地獄になるのか』144〜145頁
＊4　『世界はなぜ地獄になるのか』145頁
＊5　『世界はなぜ地獄になるのか』146頁
＊6　『世界はなぜ地獄になるのか』146〜147頁
＊7　『世界はなぜ地獄になるのか』147〜148頁
＊8　『世界はなぜ地獄になるのか』148〜151頁
＊9　『世界はなぜ地獄になるのか』151〜152頁
＊10　『世界はなぜ地獄になるのか』154頁

＊11 『世界はなぜ地獄になるのか』157〜159頁

＊12 社会学者のマイケル・ゴールドハーバーが提唱した。

＊13 簡単にではあるが、承認欲求社会の様相を具体的かつ体系的にまとめている数少ない例として橘の議論を紹介した。これが目の前の承認欲求社会を少しでも「立体的に」捉えるための助けになればと思う。

＊14 『暇と退屈の倫理学』172頁

第1部

安心欲求論

第1章　「死にたい」の宛先

1

「死にたい」を発する宛先はいったいどこになるのだろう。そのことを深く考えさせる事件が起こっている。「座間九人殺害事件」だ。

じつは、自殺への不安を言葉にしたり、助けを呼びかけるという行為さえも、いまは構造的な危険にさらされているのではないかと思えてくる。

「座間九人殺害事件」について、簡単ではあるが事件の流れを振り返っておこう。2017年10月31日、神奈川県座間市のとあるアパートの一室で複数の死体が発見される。女性8名と男性1名の遺体は切断され、クーラーボックスなどに保管されていた。被害者を殺害し、遺体を自室に保管していたのは、職業不詳で逮捕時27歳の白石隆浩。この猟奇的な殺人が日本を震撼させたのには、彼が供述する殺人のプロセスにも理由があった。

白石は、SNSの一種であるTwitterを使って、自殺を希望する書き込みをしている若い女性に目をつける。彼女らに対して一緒に死ぬことを持ちかけて誘い出し、アパートの自室に招き入れた上で殺害するという行為を繰り返していたのだ。

ちなみにTwitterは、2023年7月24日よりXとサービス名が変更されている。それに伴ってツイートはポスト、リツイートはリポストと名称が変更されているが、本書では事件当時の状況を反映するなどの目的から、変更前の名称を表記している。

2

一方で、「座間九人殺害事件」は、当初社会に与えたインパクトと比較して、今を生きる人々の印象の中にはそれほど強く残っていないように思える。それはなぜか。もちろん時間の経過に従って事件を忘れていくのは自然なことだ。しかし人は、ある時期の社会状況を反映する殺人事件のことはいつまでも覚えているのではないか。

音楽ライターの磯部涼は『令和元年のテロリズム』のなかで、2019年5月に起こった川崎市登戸通り魔事件、6月に起こった元農林水産省事務次官長男殺害事件、7月に起こった京都アニメーション放火殺傷事件を分析し、事件の裏側に浮かび上がる現代日本の風景を探っている。それぞれの事件についての詳しい考察は磯部の著書を参照してもらうとして、ここで言いたいのは（磯部が著作の構成を通して示唆しているように）、人々の記憶に強いインパクトを残す事件には、ある時代の世界観を代表してしまっている犯人の像が伴われるということである。磯部があげるひとつの例でいえば、中高年になったひきこもりの人々がさらに高齢の親に養われる7040／8050問題。社会の状況を極端な形で代表してしまうものとして、時代を象徴する殺人事件は起きている。

過去を振り返っても、確かにそう言える。1968年から1969年にかけて起きた連続ピストル射殺事件。地方から都市部への大規模な流入が起こり、理想とギャップに苛まれる若者の心理が背景にあった。1988年から1989年の東京・埼玉連続幼女誘拐殺害事件。犯人である宮崎勤の部屋の中には、暴力的、性的、猟奇的な内容の漫画やビデオが多数あり、同時期のおたく・ロリコン・ホラー的なポップカルチャーにも注目が集まった。１９９７年の神戸連続児童殺傷事件。変わりつつある郊外において孤独な若者は自分の物語を暴走させてしまう。２００８年の秋葉原通り魔事件。あらゆる点で希望が見出せない当時の若者を代表するような犯人がいた。２０１６年の相模原障害者施設殺傷事件。これは障害者に対するヘイトクライムの体現として。

しかし、「座間九人殺害事件」の白石に関して同様に考えることは難しくなる。彼は自身の殺人を特別な物語のように誇るわけではない。自分だけが特別な犯行をしたなどとも思ってはいない。ゆえに、彼の犯行は人々の記憶の中で印象の薄いものとなり、事件が見過ごされてきたのではないだろうか。磯部のリサーチを通して考えてみると、自然にそのように思えてしまう。

加えて、ここには「語り」の不在という問題もある。

見田宗介は、１９６８年の連続ピストル射殺事件をもたらした構造について、『まなざしの地獄』という言葉で社会学的に分析した。家族と地域の希薄なつながりを振り切って貧困環境から抜け出すように上京してきた少年には、自分のことを階級闘争の枠組みで見てくる他者の視線を振り払うことができない。犯人の永山則夫が都市で味わった孤独という実存的な地獄を、見田は「まなざし」の問題として提起した。

「宮崎事件の時、駆け出しだったぼくはつい調子に乗って事件に口を出し、『Mの世代』なんて愚かな本を出した記憶もあるが、思い出すのはそこに名を連ねた連中も含め同年代の描き手の身の処し方の軽やかさで、公判が始まると皆、消えていた。彼ら誰ひとり傍聴にさえ来ない法廷で、メディアで生きるとはそういうものか、と理解した」[*1]と語る大塚英志もまた、東京・埼玉連続幼女誘拐殺害事件をおたくである「自分たちの問題」として重たく受け止めてきた。

宮台真司の『透明な存在の不透明な悪意』は、神戸連続児童殺傷事件、通称酒鬼薔薇聖斗事件から、ニュータウンなどのフラットで均質的、画一的な郊外に潜んだ日常の虚構性を読み解いた。都市化が進むにつれ世間が解体されていくと、それによって分断され孤立した個人はそれぞれの物語を生きるようになる。誰もが「透明」になり得るなかで、犯人の少年Aのような「不透明な悪意」を持った者が出てきても、彼の物語を他者が理解することは難しい。

東浩紀は、未熟なオタク青年が「逆ギレ」を起こし刃物を振り回したといった単純な話ではなく、むしろ社会全体に対する空恐ろしいまでの絶望と怒りが暴走した「テロ」として秋葉原事件を捉えている。[*2] 一般的にテロといえば、なんらかの政治的主張を伴った、強い信念のもとでの行動を意味するだろう。しかし本事件に強い意味での政治的主張はない。いまや曖昧さを抱え込んだ「幼稚なテロリスト」を不可避的に生み出してしまう意味や背景をこそ、考えるべきだとする。

2016年の相模原障害者施設殺傷事件に対してはどうか。杉田俊介は、社会学者の立岩真也との共著『相模原障害者殺傷事件―優生思想とヘイトクライム』のなかで、たとえば在日コリアンに対する姿勢のように、近年勢力を増してきたヘイト的な空気がとうとう障害者に対する優生思想的な暴力と合流してしまったと捉えた上で、そこから容疑者が共有していた「ジェノサイドを醸成しつつある空気」の正体を探っている。古市憲寿と落合陽一による対談も『文學界』に掲載された。

以上のように、これまでは批評家たちを中心にしながら、事件の外側に広がる社会との関係が整理されてきたわけだ。しかし「座間九人殺害事件」に関しては、目立った批評という批評が存在しない。もちろん犯人の白石の供述内容が社会からの反映を読み取るには十分でないということも言えるが、果たしてそれだけが理由でこの凶悪な事件を見過ごしたままにしておいてよいものだろうか。

なぜ批評が存在しないのかと考えると、理由のひとつには相模原事件のインパクトと、それに対応する社会福祉方面の議論へと全体の関心が偏ってしまったことがあるのではないか。終末期医療や安楽死にまつわる議論も活発化した。現在「ケア」とそれを巡る環境について考えることを無視するのも難しい。

しかしながら、相模原事件と社会福祉への関心の裏側に隠れた、同時期の「座間九人殺害事件」に代表されるようなもうひとつの事象についても、やはり考察を止めるべきではないだろう。

現在でも、日本社会では毎年8万件前後の行方不明者届出書が警察へ提出されている。「座間九人殺害事件」の被害者に近い10代、20代の女性も多い。これは日本には潜在的な被害者家族が多く存在することも意味する。行方不明の知り合いが、ある日突然殺人事件の被害者であることが判明してしまうかもしれないという潜在的な恐怖。ＳＮＳで誰とでもいつでも連絡はとれるが、そうであるがゆえに、連絡がとれないことが逆に強い不安を喚起する。「座間九人殺害事件」は、そんな現代社会が抱える根源的な不安を象徴する出来事である。[*3]

ネットワークや失踪と結びついた自殺という、２０１０年代後半に現れるもうひとつの社会問題。批評が足りない状況の中で、社会学者中森弘樹の『「死にたい」とつぶやく』は、座間九人殺害事件に関する貴重な考察を含んでいる。これは学術的な調査を元にした社会学のテキストであるが、犯人の特徴や事件にまつわる分析は本文に重要なものであるため、まずは中森の議論を整理していきたい。「死にたい」と「座間九人殺害事件」はどのように関係していくのか。

3

「首吊り士」。座間九人殺害事件の犯人である白石は、Twitter を使って、自殺を希望している若い女性とつながっていたのだった。「首吊り士」は彼のアカウント名だ。白石は、そのアカウント名の通り首吊りに精通しているかのような情報を流し、自殺の手助けをするかのようにも見せかけていた。死にたい者の立場に寄り添うような発言も多かった。

とはいえ、ここでひとつの疑問が生じる。白石が「死にたい」人々に寄り添うような態度を見せていたからといって、なぜ被害者の女性たちは、全くの赤の他人である白石に、「死にたい」という極めてプライベートな吐露を直接的な形でしてしまったのか。まだはっきりと自殺するとは決めていないものの相談してみたいと思う人たちがいて、一方の白石も自殺の寸前でとどまるような人たちを狙っていた。

ここに問題の核心がある。鍵となるのは、「親密圏」という概念だ。政治学者の齋藤純一によれば、「親密圏」という親密な者同士の領域は、具体的な他者の生／生命への配慮・関心によって維持されている。*4 たとえば見知らぬ一般的な他者や抽象的な他者との関係を「親密な関係」とは呼ばないだろう。

そして中森は、「死にたい」やそれに類する言葉が、親密圏を狂わすがゆえに、その中では発しづらいことを指摘している。これは考えてみればわかりやすい話で、人々は自殺の相談をすることで身近な家族を困らせたくない、と思ってしまうのではないか。

なぜかというと、『死にたい』という言葉は、『死にたくない』という前提から成るコミュニケーションを、脱臼させるような働きを持っている——持ってしまう」からである。[*5]それはまるで「トランプのジョーカー」であるかのように機能し、現在共有しているような話題にもいきなり大きく影響する。

中森が示唆しているのは、「生きたい」を前提としない、あるいは絶対視しないコミュニケーションは、それを前提とするコミュニケーションとしばしばすれ違ってしまうということだ。このすれ違いは、「生きる」ことが疑いのない究極的な行いだと当たり前に信じている人たちとのコミュニケーションにおいて、度々現れてくる。たとえば、「生きたくても生きられないような人たちがいるのだから、あなたも頑張って生きなさい」とあたかも当たり前のように唱えられることとはうまく噛み合わないわけである。むしろ多くの場面では、「生きたい」を当たり前の認識として共有する社会のなかで、「死にたい」は責められる対象にすらなってしまう。[*6]

また、「死にたい」という言葉の不確実性も肝となる。[*7] まだ実現していない状態であるがゆえの不確実性が、周囲を攪乱させるのである。「死にたい」と言われてしまうと、本気で死ぬ気なのだろうか、どうしたらよいのかと、周囲は状況を十全に予測することが難しくなり、振り回されてしまう。加えて記述しておくなら、精神的にも物理的にも「距離が近い」人物が「死にたい」に強く影響されてしまうのは、多かれ少なかれ、「死にたい」人物がどうなるかは、近しい関係にある者たちの行動次第になってしまうからだ。たとえ自分のせいでなかったとしても、「死にたい」に対して責任を感じてしまい、ほうっておけない。親というのはやはりこの意味でも大変な立場にあるだろう。このように、「死にたい」という言葉は、その固有の特徴から「死にたい」者の「親密圏」を狂わしてしまう可能性が大きくなる。

これを「死にたい」者の側から捉えると、自らの「死にたい」が自身にとっての親密な者を攪乱してしまう、そのような可能性に自らの経験からうすうす感づいてしまっている場合が考えられるのではないだろうか。末木新『インターネットは自殺を防げるか―ウェブコミュニティの臨床心理学とその実践』が示すように、自殺念慮者がしばしば他者への

「援助要請」を行わない傾向は実際の研究の結果としても見受けられるようである。

　要するに、「死にたい」を、親密な関係にある他者に告げることは決して容易ではないのだ――たとえ本当に「死にたい」と告げたい相手とは、まさにその親密な他者であったとしても。「死にたい」と言動する者が、実際にこれまで想定してきたような家族とのコミュニケーションの齟齬を経験してきた場合はもちろんのこと、実際には体験していない場合でも、〈中略〉親密な他者に「死にたい」と告げることはやはり難しくなってしまうのではないだろうか。

（『「死にたい」とつぶやく』95頁）

孤独を通して「死にたい」が加速するだけではなく、「『死にたい』が人を孤独にするパターンもありうる」のだということ。こうして孤独がますます促進されていく不幸な状況がある。

　では、「死にたい」と「親密圏」にまつわる議論を通して浮かび上がってくる、私たちが「死にたい」と言いやすい相手とはどのような存在なのか。先の議論を裏返し、中森の考察を短くまとめてしまうのなら以下のようになる。

①「生きたい」を前提としないコミュニケーションが可能であり、
②親密な関係にない他者。[*8]

なぜ被害者の女性たちは、全くの赤の他人である白石に、「死にたい」という言葉を投げかけてしまったのか。それは犯人の白石こそまさに、以上の条件を十分に満たしたSNS上の他者であったからである。

事件の背景には、生への配慮を前提とした「親密圏」がはらむ構造的な脆弱性があった。「たとえ彼女たちの親密圏に何の問題がなかったとしても、彼女たちは白石のような遠くの悪意ある他者に、むしろその『遠さ』ゆえに、誘引されてしまう恐れ」[*9]があるのだ。

> 生への配慮を媒体とする関係性のみでは、「死にたい」という言動に対処しきれない。「死にたい」と言動する者は、「死にたい」と言動することが可能な親密圏の外側の他者を必要とする。だから、「死にたい」と言動する者は、しばしば親密圏の外側からやってくる悪意ある他者に対してしばしば無防備にならざるをえない ——

——『「死にたい」とつぶやく』103頁）

これが「座間九人殺害事件」の背景に潜む構造だ。

「死にたい」という言動は、「親密圏」の外部の他者へ届く場合がある。しかしそれが届く相手が救済者なのか犯罪者なのかがわからない。ここには「死にたい」をめぐる新たな危険性が現れていると言えるだろう。

議論を整理しておこう。「死にたい」を抱えてしまったとき、人々はどこに向けてその言葉を発するのか。じつは「親密圏」の中にいる近しい人相手でも、相談することは難しい。なぜなら「死にたい」という言葉は、生きている者とのコミュニケーションを脱臼させてしまったり、未来の自殺をほのめかすことで潜在的な不安を与えてしまったり、近しい人こそ保護するべきだという責任をも暗に示唆してしまうからだ。「親密圏」の人を困らせたくなければ、「死にたい」人は遠慮する可能性が高くなる。加えて、「死にたい」人のテンションが、生きることを大前提にした人の助言と嚙み合わないことも考えられる。生きろ生きろと言われても、どこか根本的な解決にはつながらず、話を聞いてもらっている感じがしない。

それゆえに、「死にたい」という声は「親密圏」の外側へ向かう。それも同じ「死にたい」を共有できる人の元へと届けられる。もちろんそこで助け合いが生まれることもあるだろう。しかし「座間九人殺害事件」のように、殺害犯が「死にたい」の先で待ち構えている可能性もあり得るのだ。ＳＮＳ社会においては、「死にたい」という声を届ける行為自体が危険に晒されることもある。

「死にたい」は近くの人には言いづらい。相談しやすいのは遠くにいる同様の「死にたい」人たちだが、それすらも難しくなっている。「座間九人殺害事件」の分析を経て目指していくのは、ＳＮＳなどを経由し「死にたい」で繋がる親密圏外部の他者に頼らずとも、自殺から逃れていくための道はないのかということ。親密圏内部の大切な人を困らせることもなくだ。これとは異なる別の仕方があるかもしれない。

「死にたい」が解消されるメカニズムについて考えを巡らせながら、議論を進めるとしよう。

［第1章　注釈］

＊1　「『宮崎勤』と『派兵差し止め』に20年間を費やした人生」　NEWSポストセブン、2018年、https://www.news-postseven.com/archives/20181229_831841.html?DETAIL
＊2　「絶望映す身勝手な『テロ』」　朝日新聞DIGITAL、2008年、https://www.asahi.com/special 2/080609/TKY200806120251.html
＊3　『「死にたい」とつぶやく』　34～35頁
＊4　齋藤淳一『公共性』　92～93頁
＊5　『「死にたい」とつぶやく』　84頁
＊6　近代国家の権力は人々から単純に自由を奪うものではなく、むしろ人々の生に積極的に介入し、個人の自由そのものを管理し方向づけることで社会全体の秩序を形成するような、より巧妙なものに変わっている。ミシェル・フーコーの観点からいえば、世の中の人々が主体として「生きる」ように管理されるのが近代社会の特徴でもあった。渡辺守章訳『性の歴史Ⅰ　知への意志』（新潮社、1986年）
＊7　『「死にたい」とつぶやく』　89～92頁
＊8　『「死にたい」とつぶやく』　96～98頁
＊9　『「死にたい」とつぶやく』　101頁

第2章 「死にたい」に込められた2つの願望

4

「座間九人殺害事件」からわかったのは、「死にたい」という内容は、普通に「生きる」ことを前提としていたり、親密だったりする者には話しづらいということだった。だからこそ「死にたい」者は、「死にたい」という声を、自殺へと同じような理解を示してくれる遠くの他者へと発信するのであった。

自殺から逃れるための別の仕方を探るため、引き続きこの「死にたい」という言動自体の考察にとどまる。ここで助けとなるのは、中森のTwitter分析とそこから得られる結果だ。

なぜTwitterなのかという点に関して触れておきたい。中森の回答としては、「インターネットが初期の時代から有していた、現実においては共有しづらい話題を語り合う場としての側面を、ＳＮＳ時代において受け継いでいるのが、メジャーなＳＮＳのなかでは相対的に匿名性が高いTwitterであり、だからTwitterでは『死にたい』と言動しやすい雰囲気がある」[*1]からだということになる。

これは想像しやすい話で、たとえばFacebookのような、基本的に本名のアカウントを用いて面識のある友人との繋がりを維持するようなサービスでは、本文のこれまでの趣旨に合わせても「死にたい」という気持ちは伝えづらい。また、現実においては共有しづらい話題を語り合う場としての側面をふまえるならば、「映え」が意識されるInstagramや、連続した動画がとどまらずに流れていくTikTokのようなＳＮＳも適していないのだろう。

そして、分析が行われる対象としての日本。もはや日本では、「遊びたい」よりも「死にたい」の方が多く呟かれているらしい。「インターネット上のある種のコミュニケーションにおいて、『死にたい』が主題になること、そして、『死にたい』を介して、人と人が繋がること。これらは、いまに始まったことではなく、インターネットが一般に普及して以来、ずっと起こってきた現象[*2]」であり、それらはすなわち、「『死にたい』がメディアであること」を示唆している。

「死にたい」がメディアであること、すなわち誰かと誰かをつなぐ媒体としての性質を物語るのが、ハッシュタグだ。ゆえに中森は、「#病み垢さんと繋がりたい」「#病み垢さんと仲良くなりたい」など、「死にたい」と一緒になってTwitterで使われている言葉を、リサーチしていくのである。

調査の具体的な方法についても軽く触れておく。より詳しくは中森の著書を参照されたいが、まずTwitterには、特定の言葉を含んだツイートを、ある時点から遡って順番に表示していく、優れた検索機能がある。このキーワード検索を行うと、最も新しく投稿されたものから、過去に遡ってキーワードを含むツイートを見ていくことができる。もちろん、非公開設定のアカウント（鍵アカウント）は検索・表示の対象とはならないため、そのユーザーのツイートを見ることはできないという点に関しては、留意しておきたい。

この検索の機能を用いて「死にたい」をキーワードに指定し、Twitterを検索し続ける。「死にたい」を含むツイートをTwitter全体から収集することが可能となるが、さらにTwitterのAPI（アプリケーション・プログラミング・インターフェイス）と、それを利用したソフトウェア（tw2csv）を介することで、キーワード検索の結果をCSVファイルの形式で保存することができる。「死にたい」という言葉をソフトウェアに入力すると、検索された「死にたい」を含むツイートはもちろんのこと、同ツイートの投稿日時やツイートを発信したアカウントのID、同アカウントの説明文やフォロー・フォロワー数などのプロフィール、同ツイートの被いいね・リツイート数などの関連情報も一括して取得し、CSVファイルに保存することができる。そこではリツイートやBot（自動でツイートを繰り返すアカウント）によるツイートも収集時に省かれる。

中森は、2019年7月末から2019年9月初旬にかけ、収集されるツイートが被らないように期間をあけつつ、7回にわたってtw2csvによるツイート検索を実行した。さらにそこから、なんらかの原因でCSVに記録されたツイート内に実際には「死にたい」が含まれていなかったデータを、エクセルのフィルター機能を用いて削除する。その結果として、6万3834件の「死にたい」という言葉を含むツイートと、その関連情報を収集することに成功した。

しかし6万件以上のツイートの内容を分析、処理するにあたって、ひとつひとつ目で見て分析を加えていくことは現実的ではないし、また仮にそれが可能であったとしても、そこから「死にたい」を含むツイートの全体的な傾向を見出そうとすると、その解釈には中森の先入観が強く混じってしまう可能性がある。そこで採用されるのが、テキストマイニングだ。

テキストマイニングとは、社会学の質的研究の分野でも近年注目されている分析手法の一つで、その特徴を端的にいうなら、文字データを計量的に集計・分析できることである。日本においても、社会学者の樋口耕一によってKH Coderというソフトウェアが開発されて以来、着実に普及してきた手法だ。中森は、テキストマイニングの手法を用いて客観性を担保させつつ、収集したツイートに見られる傾向や特徴を分析していく。

テキストマイニングによる分析の結果として、「死にたい」に関係するツイートには以下の2種類の特徴が見受けられた。[*3]

まずひとつめに、「自身の苦しみを含んだツイートを、できるだけ多くのユーザーに見てもらいたいというベクトル」である。「#病み垢さんと繋がりたい」や同様のハッシュタグが多く見られた。

ふたつめには、あくまでも「自身が同アカウントで発信したい内容を、つぶやこうというベクトル」がある。「たとえ自身のフォロワーの数や種類を制限することになったとしても、自身の言動が許されているような状態であろうとする指向」のことである。たとえば、うつ病／自殺／社会が辛い／……などのように状況をスラッシュで区切りながら、多くはプロフィール文のなかにあらかじめ断りや告知が入れられている。

この結果をどのように捉えるか。

5

社会学者のアンソニー・ギデンズは、後期近代社会における人間関係の特徴を、「純粋な関係性」という概念から紹介している。

純粋な関係性とは、社会関係を結ぶというそれだけの目的のために、つまり、互いに相手との結びつきを保つことから得られるもののために社会関係を結び、さらに互いに相手との結びつきを続けたいと思う十分な満足感を互いの関係が生みだしていると見なす限りにおいて関係を続けていく、そうした状況を指している。

（『親密性の変容―近代社会におけるセクシュアリティ、愛情、エロティシズム』90頁）

今日の関係性は、かつて婚姻関係がそうであったように、ある極端な状況を除けば、関係の持続が当然視できる「おのずと生じていく状態」ではない。純粋な関係性の示す特徴のひとつは、いつの時点においてもいずれか一方のほぼ思うままに関係を終わらすことができる点にある。

（『親密性の変容―近代社会におけるセクシュアリティ、愛情、エロティシズム』204頁）

ひらたくいえば、もはや人は関係したい人とだけ関わっていればよく、そうしたくなければすぐにでもその関係を切れる点で自由だということである。ギデンズによれば、純粋な関係性において鍵となるのはコミットメント。これは自己投入や自発的な関わり合いの意味で用いられる概念であるが、純粋な関係性とは、当人たちがその関係性にコミットすることによってのみ成立し、維持されるものなのだ。

後期近代社会になる以前には、伝統的な慣習だったり、法律や経済的な条件、生まれ育った場所などが関係性を取り結ぶ上での「外的な基準」として機能していた。しかし後期近代社会においては、性愛や婚姻、友人関係などの中で「外的な基準」は解消し、人は純粋な関係性を志向するようになる。ＳＮＳ上の人間関係などは極めてわかりやすい例だろう。

さて、中森はこのギデンズの有名なテーゼのなかで、純粋な関係性が喚起するふたつの願望に注目する。

ひとつは「承認への願望」だ。

現代社会では価値観が多様化し、人々は自身の選んだ選択肢に安定した根拠を見出せない。ではどうするかというと、自分を取り巻く周囲の目を、自身の行為が妥当かどうか、あるいは価値あるものかどうかを判断するための重要な指標とするのだ。しかしその承認の元となる、友人や配偶者などの他者との関係はいつ切れてもおかしくないようなリスクを孕んでいるため、承認への不安やそれに伴う承認への渇望は一層高まることとなる。*4

ふたつめには「安心への願望」が挙げられる。

ある人物との関係性や集団の中に「いてもよい」という願望のことである。周囲が自分と関係を続けることに何らかの問題は生じていないかという不安は、インターネット上でのコミュニケーションにおいて、とりわけ先鋭化する。これは自身の言動が許されている状態であろうとする指向とも言い換えられる。あらかじめ相手に自分がどのような人物かを、それもできるだけ神経質に周知することで、いちど関係が形成されてから自身が排除されるようなリスクを軽減する。自身の言動によって相手から関係を切断される事態をいわば「先取り」することで、不安を和らげる効果がある。*5

承認への願望はたとえば、自身のツイートをできるだけ多くの人に見てもらいたいという指向に反映される。Twitterでいえば、フォローやいいね、リプライといった反応の数が大きくなればなるほど、簡易的に充足感を得ることができるからだ。一方で、安心への願望では、むしろ「見られすぎてはいけない」。望まれる状況の実現にあたって、ことさらにたくさん見てもらう必要がないのもあるが、見られれば見られるほど、自身の特異な言動が相手の目に留まってしまうリスクも増えるからだ。

純粋な関係性が喚起する願望は、このように2種類に分けられるわけだが、ここで勘の良い読者ならすでにお気づきかもしれない。中森が整理するこれらふたつの願望は、「死にたい」に関係するツイートが持っていたふたつのベクトルと、対応関係を持っている。

自身のツイートをできるだけ多くのユーザーに見てもらいたいという指向が、「#病み垢さんと繋がりたい」などのハッシュタグの群れと結びつくのであれば、ユーザーがTwitterの内部へと自身の言動が許されるような環境を作る試みは、あらかじめプロフィールに断りを入れるための連続するスラッシュの現れと結びつくのではないか。

「死にたい」という声には、承認への願望と安心への願望が詰まっている。Twitterにおける「死にたい」のベクトルと結びあわせることで、純粋な関係性が喚起する願望への理解も深まるのだ。

その上で、本文がとりわけ注目したいのは安心への願望の方である。

これまで、「大きな物語」の衰退による価値観の多様化や、人間関係の変化の帰結としては、人びとの承認欲求や「見られていない不安」の高まりが強調される傾向があった。もちろんそれは前提として正しいのだが、純粋な関係性の理念が深いレベルにまで浸透した現代においては、「だからといって見られすぎるのも不安」なのではないだろうか。そして、後述するように、SNS、特にTwitterは、他者から注目を集めることが可能な一方で、まさに自身の発言が「見られすぎないような」仕様にもなっている。

(『「死にたい」とつぶやく』176頁)

もっとも重要なのは、「見られすぎてはいけない」の感覚が、「死にたい」を普通に生きている者にも親密な者にも話しづらいといった状況と、直接的に繋がってしまうのではないかということである。安息の場所を作るためには、言語コミュニケーションの障害や親密圏での不協和音は、もっとも避けたいものだ。「死にたい」と発する者にとっては、安心への願望を充足させる方が難しい。そうした状況を認知しておきたい。

こうして考えてみると、「座間九人殺害事件」もまた、安心への願望が大きな要因になっていたのではないか。自分の特異な発言で安全な場所を乱したくない、親密圏にも波風を立てたくない。そうした安心への願望を背景に持つ「死にたい」の声がある。「見られすぎてはいけない」と思っているからこそ、遠くの他者を切実に頼るようになる。「死にたい」をめぐるコミュニケーション上のメカニズムが最悪の形で機能し、被害者と殺人犯が繋がってしまったように思えてならない。

一方の、承認への願望を持って外に情報を開いている人にとっては、遠くの他者であれその人物の存在感は相対化されやすい。とはいえ、多くの人へとにかく声を届けようとする切実な「声の大きさ」も事件には関連していたかもしれない。そのことを付記しておく。

議論をまとめておこう。「死にたい」がメディアであることを意識し、SNS上で発せられている「死にたい」を分析すると、主に2つの傾向があることがわかった。ひとつは、自身の苦しみを含んだツイートをできるだけ多くのユーザーに見てもらいたいというベクトルで、その多くがハッシュタグと共にある。もうひとつが、たとえ自身のフォロワーの数や種類を制限することになったとしても、自身の言動が許されているような状態を作ろうとするベクトルで、こちらは多くのスラッシュで守られている。以上の2つの傾向は、アンソニー・ギデンズによるところの「純粋な関係性」が喚起する2つの願望にそれぞれ対応するのではないか。承認への願望と、安心への願望である。そして、「死にたい」に関して考慮するのであれば、安心への願望こそ注目するべきである。なぜなら、安心への願望を持っている以上、これまでに作り上げてきた親密圏に波風を立てたくないと考えたり、遠くの他者であってもいちど信頼をすればとりわけ切実に頼ってしまうかもしれないからだ。

「死にたい」を乗り越えるために。蓄積された「座間九人殺害事件」への考察は、この後の「安心欲求論」を組み立てるにあたっての重要な土台となるため、字数を割いてでも丁寧に紹介する必要があった。本稿がとりわけ注目するのは、「死にたい」に関しての「安心への願望」の立ち位置である。中森は先の引用における示唆的な言及を残した後、関心の中心を「安心への願望」に大きく傾けてはいないようにみえる。彼はあくまで、分析の結果から客観的に見出せる範囲で「見られすぎるのも不安」というひとつの価値観に新しく言及している。『「死にたい」とつぶやく』では、白石隆浩の内面についての分析やテキストマイニングにおける共起ネットワーク、シェアハウス内でのコミュニケーションなどにも多くの字数が割かれており、とりわけシェアハウスへの詳細な分析は、「死にたい」をシェアすることの可能性を模索して導き出される、中森からの中心的な回答として読むことができるだろう。いまだ具体的に語られきっていない「安心への願望」がもつ可能性、これを色濃く抽出しようとする本稿は、以上の点において、中森が見出した道筋とは異なる分岐を進むことになる。親密圏や「死にたい」にまつわる議論に続く問題系を展開していく上で、次に考えるのは、はたして安心への磁場は正しく提供されているのだろうかということだ。

〔第2章　注釈〕

＊1　『「死にたい」とつぶやく』126頁
＊2　『「死にたい」とつぶやく』116頁
＊3　『「死にたい」とつぶやく』166〜167頁
＊4　『「死にたい」とつぶやく』171頁
＊5　『「死にたい」とつぶやく』173〜174頁

第3章　安心欲求の摘出

6

欲求とは、不足を感じてこれを充足させようと望むことである。願望とは、願ってその実現を望むことである。

世の中には、承認欲求という言葉が広く出回り、多くの場面ですでに用いられている。そしてこの承認欲求とは、他者から認められたい、自分を価値ある存在として認めたいという「願望」のことであるという。

であるならば、承認欲求に対応させる形で、本文においては「安心欲求」という言葉を用意してみたいと思う。

本章では、これまでの議論を引き継ぎながら、安心欲求についての考察を深めていく。

まずは承認欲求にまつわるひとつのカラクリについて話そう。読者の皆さんは、過去にこのような経験をした覚えはないだろうか。たとえば友人が、学校や職場で自分が承認される場がないと嘆いていたり、もしくは彼／彼女にとっての大切な人からの承認を求めている。その一方で、SNSで目を引くことに熱中する人々の行動の背景としても、承認欲求という言葉があてがわれている。両者は同じ承認欲求という言葉でひとくくりにされてしまうが、何かそのことへのモヤモヤは残る。両者は何かが違う気がする。承認欲求はしばしば非難の対象にもなるが、切実に、目立つことなく承認を求めている人たちがいることもわかっている。

ここに仮説を立ててみたい。どういうわけか、日本社会においては、**本来承認欲求と安心欲求という2種類の意味合いに分けられるべきものが「承認欲求」というひとつの言葉の中へと吸収されてしまっているのではないか。**これまでの議論における承認への願望と安心への願望の合わさりが「承認欲求」という言葉を形作っているにもかかわらず、コミュニケーションが起こる現場においては、それは承認への願望の意味合いでしか用いられない。安心への願望の存在だけが、あいまいであやふやなまま行き場をなくしてしまう。

SNSとアテンション・エコノミーの影響が「承認欲求」という言葉の使われ方に大きく影響しているのは明らかだが、ここには「承認欲求論」の構造的な問題があるのではないだろうか。

安心欲求を求めているのに、「承認欲求」という言葉が目前に立ちふさがり、それに頼るしかなくなるがために、うまく安心欲求にアプローチすることができない。本来は承認欲求は承認欲求として、安心欲求は安心欲求として、社会のなかでも意味の住み分けがなされるべきなのだ。

加えて、一見して承認欲求にまみれているように見える人たちだって、じつは安心の磁場を求めている。たとえばオンラインサロン。もともと日本では本音と建前を使い分ける傾向が強い。Twitterやブログに載せられない本音はメルマガで、そしてメルマガでも書けない本当の本音はサロン会員限定で、といったような段階的な区分があるように見える。承認欲求に流されすぎず、安心した状態でものを言えるような環境を整えているとも考えられる。

承認欲求社会を上記の文脈で捉え直すならば、以下のように問題を言い換えることも可能なのではないか。ネットで配信する本音をパッケージ化してお金に換えられる一握りの強者もいる一方で（承認と安心の両立）、息抜きのためのつぶやき（安心）でさえ配慮が必要になる圧倒的多数がいる。そして、強者の側にも安心の問題は隠されているかもしれない。それはパッケージ化の可能、つまり経済によって見えづらくなっているだけだ。

言葉が混同されていることに問題がある。承認欲求といっても、実際には承認を求めている側と安心を求めている側があり、現状の雰囲気に従って承認だけが獲得されたところで、安心を希望する側はいつまでも救われない。

この承認欲求社会がはたして持続可能なものか、再考するタイミングにきているのではないだろうか。

7

前章までの話と結びつけるならば、まず「死にたい」とつぶやく人たちの中には、Twitterの動向をみる限り、安心欲求を求めているような傾向が見受けられた。そして、「死にたい」が及ぼす「生きる」を前提とするコミュニケーションとの齟齬や、親密圏への影響を考えると、「死にたい」と考えながら安心欲求をも求めている人たちに、その救いとなるような場所は提供されていないのかもしれない。「死にたい」と安心欲求が相互に衝突したとき、「死にたい」気持ちを遠くの他者へと絶対的な形で託してしまう可能性も出てくる。

案の定というべきか、そもそも安心欲求が満たされづらいことには言葉の問題も関係しているようだ。安心欲求という言葉が通用していないがために、それを承認欲求という別の言葉で代用してしまっている。ただでさえ承認が肥大化しやすいアテンション・エコノミーのなかで生きているのに、これでは安心欲求を満たすには厳しい状況である。

安心欲求へのアプローチが見過ごされて機能していない。だから、自殺は減らないのでは？

裏を返せば、自殺から逃れるには、安心欲求へのアプローチが有効かもしれない。であるならば、それはどのような形をとるのか。具体的に何をすればよいのだろうか。

先に、承認欲求論は承認と安心がごちゃ混ぜになっていると説明したが、それでも既存の承認欲求論の中にヒントを探していきたい。まずは評論家の宇野常寛の著作をヒントとするが、それは宇野がかねてから芸術からサブカルチャー、ビジネス領域を含んだ大衆文化に幅広く注目しつつも、アテンション・エコノミーへの批判的見地を一貫して持ち続けているからだ。

もう十年以上前からFacebookのウォールは理想の自己像をアピールするために最大限に演出された文化的な生活と充実した社会関係を誇るために、自分よりも広く知られた誰かにタグ付けされた投稿で埋め尽くされ、Twitterのタイムラインでは他の誰かを正義の名のもとに裁き、自分の見解と深慮をアピールする快感を手放せなくなった人々が、他人の言動を最大限に否定的に解釈することで、糾弾する口実を探し回り、

しばしば魔女狩りを楽しんでいる。

彼ら／彼女らは自分が投稿した言葉が、画像が、動画が他のプレイヤーの共感を集めたとき、（多くの場合はほんの少し、そして稀に決定的に大きく）自己の存在が承認されたと感じる。たとえどのような距離感のもので、どのような角度からのものであったとしてもそれは一単位の承認（Like）になる。そしてこの快楽は、既に世界中の人々を虜にしている。自分の吐き出した情報が距離を超えてこの世界の誰かを、ほんの少しでも動かすと信じられる。このとき人間は、それがどれほど小さなものであったとしても、確実に世界に素手で触れたと信じられる。この手触りは自分が存在していることを強く肯定してくれる。その結果として、今日の世界では世界中の人々が他のプレイヤーからの共感の獲得を競うこのゲームのプレイヤーになっている。

そしてその麻薬的な快楽が、人々を未知のものから逃避させている。目にみえないもの、対話不能なもの、理解が及ばないものを拒絶して、目に見える承認を、Replyを、Shareを、Likeを、Retweetを与えてくれるゲームに逃避することを、世界中の多くの人がいま、無意識に選択しているのだ。

（『砂漠と異人たち』16頁）

宇野は、そのような状況の中で、どうあれば世界に触れられるのか、個人と世界を接続

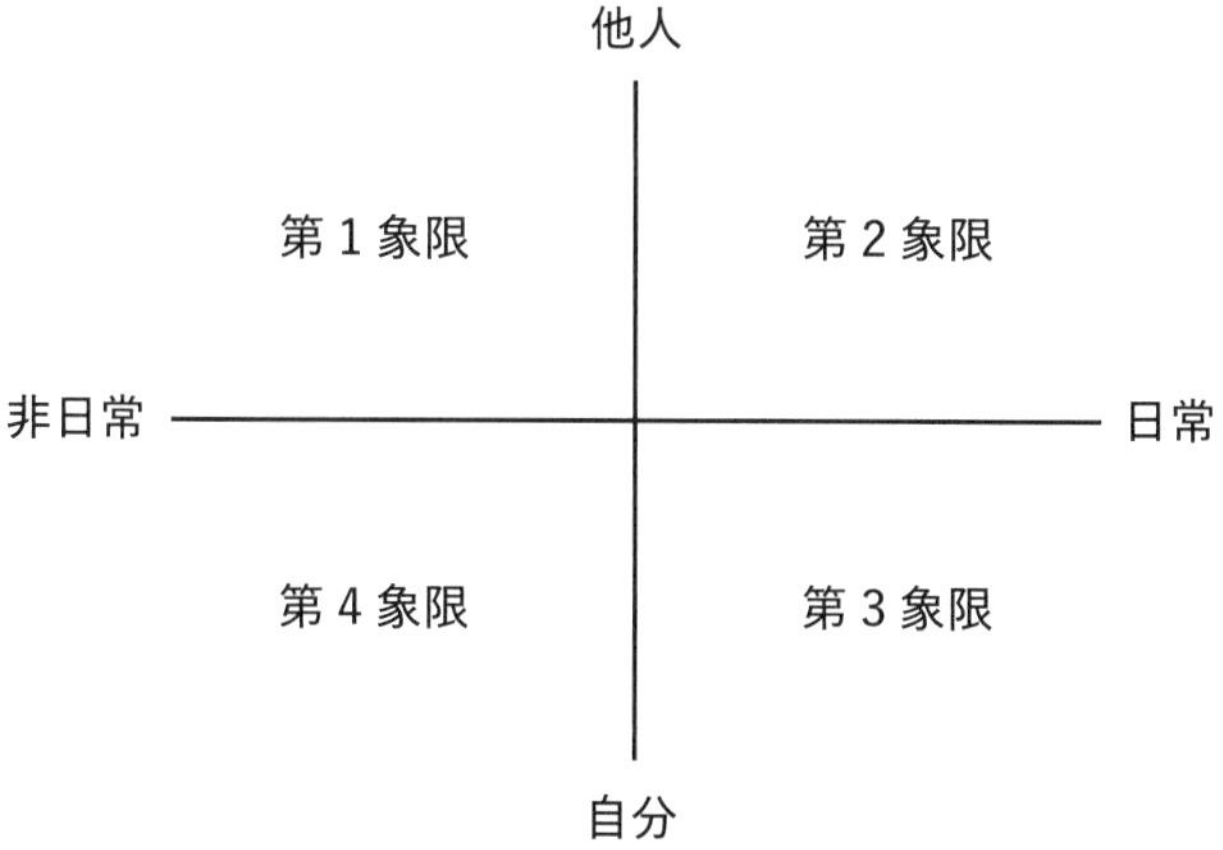

［図1］宇野の記述を参考に作成

する回路とはいかなるものかと考えていく。そして、人の心を動かす文化に着目し、それは4つのカテゴリーに分類されると述べる。[*1]

まずは横軸として非日常と日常を、縦軸として他人の物語と自分の物語を用意してみよう。そこには十字の線に隔てられた4つの空間が現れるはずだ。一般的に、時計回りで左上の空間が第1象限、右上が第2象限、右下が第3象限、左下が第4象限と呼ばれる（図1）。

宇野によれば、まず第1象限の非日常×他人の物語に分類されるのが、20世紀前半に普及した劇映画やニュース映画である。

このとき人類は平面の中の他人の物語に感情移入すること、そしてそれを社会で共有し一体感を味わう快楽を覚えた。

第2象限の日常×他人の物語を実現したのが映像技術と放送技術との融合、つまりテレビということになる。この魔法の箱は20世紀の後半に広く普及するが、それに伴い、人類は他人の物語への感情移入という文化を祝祭から生活の一部へと変えることになった。もはやテレビだけに限った話でもない。Netflixに代表されるような動画ストリーミング配信によって、人々の日常には常に劇映画の描く他人の物語が寄り添っている状況だと言えよう。

21世紀に入ると、インターネットの普及に代表される情報環境の変化は、人々の関心の重心を他人の物語から自分の物語へと突き動かした。宇野が指摘するように、[*2]これは「(それがどんなにユニークでドラマチックなものであったとしても)他人の物語に感情移入するよりも、(それがどれほど凡庸で無味乾燥なものであったとしても)自分の物語を語るほうがより大きな快楽を人間にもたらす」ためであろう。インターネットが全人類に用意した発信能力は、自分の物語を語る快楽を圧倒的に簡易に、そして増大にしたのである。

とうとう人々は、自分だけの体験を求めて現場に足を運び参加するようになった。もちろん自分の物語をソーシャルメディアに発信することも忘れない。これはCDの売り上げが減退しながらもフェスの動員力が伸び続けていることや、「現場」を持たないアニメから「現場」への参加が前提となる今日的なライブアイドルへとオタク文化の中心地に移動が見られることからもわかりやすいだろう。インターネットの登場が、テキストや音楽、映像の受信を簡易かつ供給過剰にすることによってその価値を暴落させたと宇野は指摘している。このような今日的なライブエンターテインメント復権の流れこそ、非日常×自分の物語が結ぶ第4象限に属する。もはや非日常×自分の物語というもっとも古くも感じられる文化の領域は、ソーシャルメディアの動員力とそれが実現する「自分の物語」としての発信によりアップデートされた。ディズニーランドや渋谷のハロウィンまで、体験の仕方は様変わりしてしまったのだ。

結果的に残されたのは、第3象限の日常×自分の物語の領域である。これがいま「手つかずのフロンティア」のようなものとして広がっていると宇野は主張する。今世紀に入り競技スポーツを「観る」ことから日常の習慣としてのライフスタイルスポーツを「する」

ことへの移行が起きているように見える。ランニングやヨガが流行する。このような現象も、人々が日常×自分の物語を欲望し始めていることを示すというわけだ。[*3]

文化の第3象限である日常×自分の物語にアプローチせよという宇野のこの方法論は、民主主義の再生においても有効であるかもしれない。宇野によれば、第1象限の非日常×他人の物語は「権威主義」の時代を象徴し、第2象限の日常×他人の物語への移行は20世紀に発生した「テレビポピュリズム」への移行と重なる。そして第4象限の非日常×自分の物語の領域で行われたのが、2010年代初頭のソーシャルメディアによる「動員の革命（インターネットポピュリズム）」である。であるならば、残された第3象限の日常×自分の物語からの政治的なアプローチだけがまだ十分に試みられていない。Facebook や Twitter といった今日のソーシャルメディアの多くが日常化から非日常への「動員」のツールとして使用された結果として、民主主義を破壊しつつある。自分の物語に照準を定めながら、かつ日常にとどまり続けるアプローチがいま求められている。[*4]

宇野は民主主義について語っているが、それをパラフレーズするなら、ひとりひとりが自分の頭で考え、行動するという自立の思想のことをいっているとわかる。自立とは、ここまで語ってきたような承認欲求社会への抵抗として機能するため、宇野の議論をヒントにすることができるのではないだろうか。

8

宇野によれば、いま人の心を動かし自立へと促す文化について考える際、重要となるのは第3象限の領域であった。では宇野は実際にどのようなアプローチをとっているのか。大きく分けて4つに整理できるだろう。

まずは総体的な指針ともなる「遅いインターネット」計画をあげよう。それは新しいウェブマガジンの立ち上げと、読者に十分な発信能力を共有するワークショップを組み合わせた運動のことを指すが、背景にあるのは、もはや人間を「考えさせない」ための道具になってしまった現在のインターネットだ。かつてもっとも自由な発信の場として期待されていたインターネットは、ユーザーひとりひとりのボトムアップの同調圧力で（権力によるトップダウン式ではない仕方で）息苦しい空気を醸成するようにもなった。

この国を包み込むインターネットの（特にTwitterの）「空気」を無視して、その速すぎる回転に巻き込まれないように自分たちのペースでじっくり「考えるための」情報に接することができる場を作ること。Google検索の引っかかりやすいところに、5年、10年と読み続けられる良質な読み物を置くこと。そうすることで少しでもほんとうのインターネットの姿を取り戻すこと。そしてこの運動を担うコミュニティを育成すること。そのコミュニティで、自分で考え、そして「書く」技術を共有すること。それが僕の考える「遅いインターネット」だ。

（『遅いインターネット』185頁）

宇野はまず「速度の変化」に注目するわけだが、ただのスロージャーナリズムに落ち着けば良いとも語っていない。スロージャーナリズムと読者コミュニティの関係を前提として支持はするものの、読者を育てられるかどうかというところに要点があるという。どれだけ良質な記事が用意されたとしても、ファストに消費しようとする読者にとっては、目に入れたいものだけを目にして、それを快楽のままに発信するための材料にしかならないからだ。

つまりここでは、速度の問題について、情報にアクセスする速度を人間の側に取り戻せるかどうかということが考慮されている。あえて「遅く」動くかどうかはその前提に過ぎないのであって、「情報への（正確には情報化された世界への）進入角度と距離感を自分自身の手で調整できる自由」こそが目指されているのである。

加えてやはり、宇野にとっての「遅いインターネット計画」の本丸とは、良質な記事をネット空間に配置することよりも、読者に十分な発信能力を共有するワークショップの方なのではないか。そこで共有されようとしているのは批評的な視座だからである。

そして価値のある情報発信とは、YESかNOかを述べるのではなく、こうしてその対象を「読む」ことで得られたものから、自分で問題を設定することだ。単にこれを叩く／褒めるのが評価経済的に自分に有利か、不利かを考えるのではなく、その対象の投げかけに答えることで、新しく問題を設定することだ。ある記事に出会ったときにその賛否どちらに、どれくらいの距離で加担するかを判断するのではなく、その記事から着想して自分の手であたらしく問いを設定し、世界に存在する視点を増やすことだ。既に存在している問題の、それも既に示されている選択肢（大抵の場合それは二者択一である）に答えを出すのではなく、あらたな問いを生むことこそが、世界を豊かに

――する発信だ。

（『遅いインターネット』200頁）

「読む」ことの内側には、その先にある「書く」こと、「考える」ことまでもが折りたたまれている。文章を読んだ際には、瞬発的に快楽のままに反応するというのではなく、あくまでどれだけの豊かな価値判断を伴うことができるかが重要視される。主眼は書きながら考えることの促進にある。

「批評」とは自分以外の何かについての思考だ。それは小説や映画についてでも構わない。料理や家具についてでも構わない。それは、対象と自分との関係性を記述する行為だ。そこから生まれた思考で、世界の見え方を変える行為だ。最初から想定している結論を確認して、考えることを放棄して安心する行為ではなく、考えることそのものを楽しむ行為だ。ニュースサイトのコメント欄やソーシャルブックマークへの投稿で大喜利のように閉じた村の中でポイントを稼ぐことで満たされるのではなく、よく読み、よく考えること、ときに迷い袋小路に佇むことそのものを楽しむ行為だ。

（『遅いインターネット』202頁）

自分と世界との関係性を批評的に記述すること。そして批評的行為で起こる自身への変化を楽しむこと。速過ぎるインターネットの世界でそのための助けになろうとするのが「遅いインターネット」計画であるといえよう。

次に主張されているのは、これまでに話した批評的行為を継続することの重要性である。宇野はこれを「走り続けること」のメタファーで説明している。「重要なのはどこにゴールを設定し、どうやってそこにたどり着くかではない。走り続けられる足腰を作り上げ、そして維持することなのだ[*5]」と。

たとえばランニングをしている際、周りの風景に気が散ることもあるだろう。ここで気が散るというのは、良い意味で解釈される。真剣に全力疾走をしていてはそんな暇はなく、ランニングにはランニングだからこその、世界に接しようとする主体的な余裕が伴っている。ランニングにおいては、情報に対する速度を、距離感を、進入角度を、自分が主体的に決定することの自由があるわけであり、この点においてランニングは書くことにも似てくるのがわかるだろう。

いまの世の中には「他人の物語」が氾濫しているが、それをどうやって「自分の物語」として編みなおすのか。走ることはそのためのヒントになるし、宇野にとってはとりわけ走ることの継続が重要視される。だからこそランニングの例が強調されているのだろう。毎日の日課のように、日常的に走ることで見えてくるものがある。その継続に意味が持たされているのである。

ランニングをするように継続的に、かつ批評的な視座を伴いながら情報に接していくこと、さらには書くこと。そうすることで、人は閉じたネットワークの相互評価のゲームから自立し、自己の変容をも受け入れるようになっていく。

だから僕はそのための三つの知恵を、ここで提案したい。それは第一に人間以外の事物と触れる時間を持つこと、そして第二に人間以外の事物を「制作」すること、最後にその「制作」を通じて、他者と接することだ。

（『砂漠と異人たち』301頁）

こうして次の論点、人間以外の事物との接触が紹介されるわけだが、これを宇野は「虫の眼を持つこと」にも例えている。虫のような異種に接することで、人間の知覚は擬似的に拡大される。たとえばカブトムシに出会おうとしたら、樹液の匂いやそこに集まる虫たちの羽音といった、人間間のネットワークから外れたところへと意識を向けなければならない。つまり虫の眼で世界を見ることが要求される。

虫の眼で世界を見ていると、虫の数だけ、世界を見る異なる眼があるということにも気付くだろう。森の中に入り、虫の眼で、虫の足でそこを歩こうとしてみる。すると自分の暮らす街の中には人間社会とは異なる論理が生きていることもわかり、そこに接することの快楽さえもが発見されていく。

人間は人間外の事物に触れることで、人間間の相互評価のゲームから一時的に離脱する。プラットフォームによって画一化され、同じ身体を持つ他のプレイヤーとの承認の交換しかできなくなった身体がその多様な側面を回復する、というのが宇野の主張である。

べつの章にて後述するが、宇野がその事物を消費せずに「愛好」せよと強調していることにも触れておきたい。ここでの消費とは、その事物を受け取り、用いることを指す。愛好とは、その事物を単に受け取るのではなく、独自の問題を設定し、探求することを意味する。

宇野の提案は、この事物を用いて何かを制作することにあった。

> 僕たちは人間外の事物を制作するとき、虫の眼を持たざるを得なくなる。それは暮らしの営みでも、趣味の活動でも、生業のなかにあるものでも構わない。庭で採れた柚子をジャムに加工するとき、プラ棒を削り出してオートバイのプラモデルのエッチングパーツを作り出すとき、配管の仕事で得た家屋のメンテナンスの知識を文章にまとめて発信するとき、僕たちは、それぞれの虫に変身し、それぞれの虫の眼を発揮することになる。そして制作された事物により、僕たちは自立しながらも開かれることになる。そして制作された事物は、未来において人間たちを「見る」歴史的な主体になっていくのだ。
>
> (『砂漠と異人たち』305頁)

人間外の事物を制作することは、もういちど他の誰かと、人間とつながることも可能にするかもしれない。

9

ここまでの宇野の試みは以下のように整理できる。①ネット空間への文章の配置を並行させつつ、書きながら考えること＝批評を促す「遅いインターネット計画」。およびそれを②日々のランニングのように継続させること。③閉じた人間同士のネットワークから脱出するためのコツとして、人間外の事物との出会い、制作を体験すること。

最後に、いちばんの基礎として、それらの「動力源」のようなものとして、④まずは好きなことを見つけなさい、好きなことに没頭しなさいといったメッセージがある。宇野はそれを「ひとりあそび」という言葉に託して、若い世代に対しても主張している（『ひとりあそびの教科書』）。

たしかに、人間はひとりあそびを楽しむことで、他の誰かに認められるかどうかなどは関係なしに、自分がこの世界に存在していることをいつの間にか実感してしまう。子どもの頃には当たり前でも、大人になれば忘れがちな感覚である。しかしそんな当たり前のようなひとりあそびこそ、閉じた承認のネットワークの外へ出るためにも、発信や制作の基礎とするためにも大切な足場となることが強調されている。簡単にいえば、好きなあそびを見つけて、没頭すること。

まわりに流されず、自分のやりたいことを見つけ、それをただ無目的に楽しみ続ける。批評や制作といったひとりあそびの過程で自立し、周囲との有機的な交流にもひらけていく。もちろん、彼が現在執筆途中の「庭」概念などにはまだ詳細には踏み込んでおらず、議論が膨らむ可能性も残っているのだが、ひとまずこれが宇野が承認欲求社会への抵抗として見出した日常×自分の物語という第3象限へのアプローチである。

宇野は2008年の著書『ゼロ年代の想像力』のなかで、とりわけ1990年代後半からの社会が、生きる意味といった大きな物語を与えてくれなくなったことを指摘した。その上で、もはやゼロ年代にはひきこもっているだけでは生き残れないような前提があることと、根拠が薄くとも何かしらの小さな物語を選択し、他の物語を排除せざるをえないようなバトルロワイヤル的な世界で生き続けることの限界を示唆していた。同時に、大きな物語がなくとも、小さな物語を無根拠に選ばずとも、各々の日常のなかにも物語はあるのだということを認識させる記述も目立つ。ゼロ年代に彼がしばしば批評の対象に選んだアニメ作品にも「セカイ系」と「日常系」という大きく分けて2つのジャンルが存在していたが、宇野は日常系作品のドラマ性の希薄さを指摘する他の批評家たちに理解は示しつつ、日常系のほうこそ次世代的なメンタリティを感じさせるものであるとの評価もしている。このような点から、宇野が元々持っていた「日常」や「自分の物語」への注目と、アテンション・エコノミーへの批判的見地があいまったことで、安心欲求的な議論が導き出されているのではないかと考えることができるだろう。

本章の内容をまとめておこう。まず安心欲求がなぜ充足されないのかを考えてみたところ、そこには承認欲求社会が作り上げた言葉のからくりが見つかった。どういうわけか、日本社会においては、本来承認欲求と安心欲求という2種類の意味合いに分けられるべき感情や状況が「承認欲求」というひとつの言葉の中へと吸収されてしまっている。学校や職場における承認の場が必要と切に願う人々と、SNSで派手に目立って承認を得ようとする人々。承認欲求が求められていると言われても、はたして両者の承認は同じものなのだろうか。承認への願望と安心への願望の合わさりが「承認欲求」という言葉を形作っているにもかかわらず、コミュニケーションが起こる現場においては、それは承認への願望の意味合いでしか用いられない。ゆえに、安心への願望の存在だけが、あいまいであやふやなまま行き場をなくしてしまうという構造を指摘した。

安心欲求を充足させるためにはどうすれば良いのか。そのためにまず承認欲求社会「批判」をしている宇野の議論にヒントを求めた。宇野は文化を4つの象限に区分けした上で、日常×自分の物語の領域が作る第3象限の文化の価値を強調している。彼の具体的な方法としては、ネット空間への文章の配置を並行させつつ、書きながら考えること＝批評を促す「遅いインターネット計画」や、日々のランニングのように継続させることの価値、閉じた人間同士のネットワークから脱出するためのコツとしての人間外の事物との出会い、制作などが紹介されていた。基礎におくのは、自分がひとり遊びとしてでも没頭できるようなもので良い。これらを総合的に取り入れたのが、日常×自分の物語という第3象限のアプローチであろう。

安心欲求を考える際のヒントとして、まずは宇野の暫定的な結論をスタート地点に据えてみたい。しかしこれは、本文で探し求めてきた、自殺から逃れるために有効な安心欲求へのアプローチに重なるものなのか。

答えはYESである。そう考えるに足る理由として、宇野の議論は、これまで自殺を防ぐことを考え続けてきた坂口恭平の説く方法と非常に類似する構造を持っているからである。

［第3章　注釈］

＊1　『遅いインターネット』123頁

＊2　宇野は、批評家である自分自身は「他人の物語に自己が侵食される快楽を擁護し続ける」とも記している。

＊3　第3象限が重要、といってもここで宇野は注意深く、ナイアンティックの『Ingress』や『ポケモンGO』といった位置情報／拡張現実ゲームとの差異を指摘している。これらは非日常×自分の物語といった第4象限のノウハウを、日常×自分の物語といった第3象限に情報技術を用いて応用するものだと整理される。ナイアンティックのアプローチは偉大な達成であると指摘した上で、たとえばスマートフォンの中のピカチュウに意識が集中することが、目の前の景色を遠ざけてしまうことにその限界を見る。いま必要なのはむしろ、「媒介なく個人と世界とを直接つなぎ、それに素手で触れているという実感を、自分の物語を、日常の領域で成立させること」なのである。上記のような位置情報／拡張現実ゲームとは異なる形での、日常×自分の物語へのアプローチをいかに実現するのかがいま問われていると結ばれている。

＊4　現在ではそれぞれの象限だけにうまく分離できない領域も生まれてくるだろう。宇野はこの点に関して厳密な言及はしていないが、本論では象限の越境というものは具体的な条件さえ整えば可能なのではないかと解釈する。柔軟に思考できる余地があり、これは後述する個人作家アニメーションについての議論などと関連している。

＊5　『遅いインターネット』205頁

第4章

10 制作で流れる

1章では、「死にたい」という声が「親密圏」の外側の、同じく「死にたい」を抱えた人の元へ届きやすい構造について言及した。それが最悪の例として機能してしまったのが「座間九人殺害事件」である。この事件を踏まえ、SNS社会において「死にたい」で繋がる親密圏外部の他者に頼らずとも、親密圏内部の大切な人を困らせずとも、自殺から逃れていくための道はないのだろうかということを考え始めた。

2章では、SNS上に溢れた「死にたい」の詳細な分析から、安心への願望に注目するようになった。「死にたい」人が安心を求めている。さらに安心を求めるがあまり、彼／彼女らが死への危険にさらされることがありうる。自殺から逃れるための、安心への磁場はどうなっているのかを考え始めた。

3章では、承認欲求という言葉の影響力が、安心欲求に覆いかぶさってしまっている状況を想定した。ゆえに安心欲求が行き場をなくしている。状況を回復させるために、逆に承認欲求社会を批判的に見通したアプローチを探した。前述の宇野の、文化の第3象限へのアプローチがそれだ。これは自殺予防になるのか、というところでひとつ前の章は終わっている。

基本的にはどの章の内容も、どうやって自殺から逃れるのかということの考察である。現在の承認欲求社会の中で、親密圏の内部を攪乱させずに、親密圏外部の見知らぬ人物とも関わらずに「死にたい」から逃れる。そのためのヒントになるのが安心欲求で、この安心欲求を充足させるための方法を探し求めている。

ここから、坂口恭平についての議論に入る。

坂口恭平とは何者か。

早稲田大学の建築学科を卒業したのち、図面を引かない建築家として路上生活者の住居に注目をしてみたり、震災後には政府の原発対応に疑問を抱いて、熊本における新国家の樹立を図った。アーティストとしての活動もさかんに行っていて、２０１８年からは音楽活動を、最近ではパステルを使った絵画を描いて個展も開いている。『幻年時代』が第35回熊日出版文化賞を受賞し、『徘徊タクシー』が第27回三島由紀夫賞候補となるなど、文芸の世界でも評価を得てきた。著者プロフィールをみると、作家、建築家、絵描き、音楽家、新政府初代内閣総理大臣などさまざまな肩書が並んでいる。それについて坂口はこう述べる。

> はじめまして、坂口恭平です。もう自分の説明はしません。自分が何者なのかもわからないし、もうわかってもらえなくてもいいし、そもそも自分がわからないので気にしません。適当に好きに生きていきます。
>
> （『幸福人フー』　6頁）

坂口の活動が結果的に多彩な形で現れるだけで、根本にある姿勢は一定のまとまりを持つ。それは「世界の見え方を変える」ということである。ときに時間を、ときに空間を変容させる。変容は彼自身だけでなく、彼の制作を通してその受け手にも作用する。

たとえば坂口の本を読んでいるとき、読者は坂口の語りにドライヴされるような感覚を持ち得るのではないか。本の世界の中で、流れるように坂口と並走しているうちに、いつのまにか自分自身も変容していることがある。坂口が気持ちが晴れてきたと綴るとき、なぜだか同様の効果がもたらされているような気がしてくる。世界の見え方が変わるんだと述べるだけではなく、その体験自体を表現としての共同作業にしてしまっていることも坂口の活動の特徴だろう。

そんな坂口自身、躁鬱病に悩まされてきたことを公表している。彼もまた何度も自殺しそうになっている。だが彼の場合、躁鬱であること、自殺しそうになることすら精神のエンジンにして、むしろそんな世界の見え方も肯定していこうとする。

その延長にあるのが、「いのっちの電話」相談員である。幸せとは何かを考える坂口は自殺を防ぐためにも積極的で、彼の電話番号を公開し、可能な範囲で「死にたい」人々の相談にのっている。心理学に基づいた一般的なマニュアルに沿って対応するというのではなく、あくまでも彼独自の視点からアドバイスや励ましを電話の向こうへと送っていく。専門家でもないのに、これはアリなのだろうか、と問う人がいてもおかしくはない。

だが、ここまで本文を読んできた方ならお気づきかもしれないが、この「いのっちの電話」は決定的な効果を持ち得る。なぜなら、「死にたい」人々にとって坂口はまず、自殺の感情を共有しやすい、ただ生きることのみに縛られた人間ではないのであり、また自分にとっての親密圏の外側にいる赤の他人だからである。

もちろん、坂口自ら「死にたい」人を探したりはしないものの、彼は「座間九人殺害事件」の犯人とおなじ「悪魔」のポジションにいるということなのだ。そして彼はそのポジションにおいて「悪魔」ではなく「天使」の役割を務める。

特筆すべきは、坂口が「座間九人殺害事件」の前から「いのっちの電話」を開通していたことである。そして彼が1日に多くて約100件[*1]というかなりの数の電話を受けてきた事実は、座間事件の背景が準備されていっていたことを示唆している。坂口のような存在こそ、相談先に困る「死にたい」者にとって真に求められていたのである。坂口本人はここまで意識していたかのようなそぶりは見せていないが、「いのっちの電話」はとりわけS

NSが普及する2010年代以降の流れのなかで、たいへんに批評的な行為であるといえるだろう。

11

さて、そもそも坂口恭平について言及したのは、宇野常寛の議論を参考に承認欲求社会への抵抗から導き出した安心欲求へのアプローチ（日常×自分の物語）が、仮にも「死にたい」への効果を持ち得るのか、探る過程においてだった。まず直接的な比較を試みるよりも、先に坂口の実践や方法論について紹介していこう。

近年、とりわけ2020年以降に出版された著書をみてもわかるように、坂口は以前にも増して自殺予防への意識と取り組みを強めている。空間づくり、現実と非現実、制作と変身、自身の躁鬱病、そして家族や周囲の人々との関係などについて書き続けてきたそれまでと比べても、他者を自殺から救おうとするための主張が明らかに増えたとも言える。2020年の『自分の薬をつくる』と『苦しい時は電話して』、2021年の『お金の学校』、『躁鬱大学』、『いのっちの手紙』（斎藤環との往復書簡）。2022年には『よみぐすり』、

『継続するコツ』など。かなりのハイペースで同一の問題系が様々な角度から、それも自殺で困っている人へ届けられることを意識して描かれているのではないか。

そう考える根拠として、先にも軽く触れたが、口語調で読みやすい流れるような文体が挙げられる。書き続けている、しゃべり続けている坂口の文体に乗っかっているうちに読者も前向きな気分へと勝手にドライヴされてしまうかのような、そういった効果の付与が意識的にも試されているはずで、これは2020年以前の著書とは異なる特徴である。以前の著作としてくだけた口調で書かれている『幸福な絶望』のような日記や、ツイッターでの日々の発言をまとめなおした『発光』などを含んでも良いが、そのなかではまだ時に観念的な言葉が出てきたり、流れるような読書を減速させるような、坂口のありのままの思考が断片的に記録されてもいるからである。とりわけ自殺に困る人を対象に書かれたものに関しては、あくまで滞らないこと、読書を通じて「流れる」感覚を得ることの方が重要視されている印象すらある。

いくつもの著書に複雑に分岐する坂口の方法論をまとめることには困難もあるのだが、ひとまず2020年以降のひとつの特徴ともなっている自殺予防という観点から、代表的な要素を整理、紹介してみよう。

まずは「声→習慣化」についてだ。これをいちばんわかりやすく代表している著作として『自分の薬をつくる』を挙げたい。坂口の語る薬とは「日課」のことで、新しい習慣を作ってからだを変化させることが推奨されている。自分の内側で声になっていなかったものを声にすること、実はこの行為こそオーダーメイドの薬となるのである。


不可能についてのインプットがみんな同じである理由はなんなのでしょうか。両親から言われた、友達に言われた、インターネットで調べて自分がダメだと思った、つまり、これはすべて他者の声を元にして作り上げているからかもしれません。その逆で可能性を感じることについては、常に自分が興味を持ったことから始まっていますから、もちろんこれは自らインプットしているわけです。

しかも、可能性については必ず経験から導き出しています。

だから声が誰にも似ていないわけです。

その声にこそ、その人を生かす力があると考えるのは当然のことだと思います。だからこそ、他者から病名をつけられ薬を処方するやりかただけではうまくいかないのです。それはサポートでしかありません。主となるのは、その声。しかし、その声が今、ほとんど出せる場所がないのではないかと私は思っています。
私たちにとっての最良の薬は、つまりこの「声」なんです。
（『自分の薬をつくる』257〜258頁）

鬱の時に大量の原稿を書くようになったという自身の経験から、調子が悪い時というのは実は「インプットが歪んでいる」時であり、さらには「アウトプットを全開にする」べき時でもあったのだと坂口が示唆している点も興味深い。インプットが歪んでしまうのは、体がアウトプットのモードになっているのが理由と言っても過言ではなく、自らの内なる声に気づき、それをアウトプットすることで楽になっていく。そして、アウトプットは瞬間的なものではなく、長い時間日課を経て少しずつ外に出ていくということ。ゆえに「日課」、習慣にすることが重要である。

『自分の薬をつくる』は、本の作りとしてもメタ的に、内なる「声」に気づくことの重要性が説かれている。著述の舞台となるのは、精神科をイメージした演劇仕様のワークショップだ。医者の役割を演じる坂口に相談を持ちかける人々。列をなして順番を待つ患者たち。しかし相談が起こる現場と待合室の間には、1つのホワイトボードが簡単な仕切りとして置かれているに過ぎない。当然、他者の相談がすぐ目の前の待合室にはすべて聞こえてくる。だがそこに要点がある。相談中の他者の意見を聞いて、同じことで悩んでいたんだなあとか、大したことないなあと待合室の中でも変化が起こっていく。

この本は、カウンセリングを通して自らの内なる「声」に気づかせる。さらにはそれをアウトプット―習慣化できるよう促す。言ってみれば坂口の「いのっちの電話」を本の形で表現したのが『自分の薬をつくる』であり、まずこれが彼の自殺予防のための方法論、第一のポイントとしてあげられるだろう。

次に『継続するコツ』から、そのタイトルが示すように「継続」についての話を紹介しよう。この本は一見しても自殺予防のためだけに書かれた本ではないが、その内容は正面から幸福について考えられたものだとわかる。坂口の考える幸福に至るための結論が「継続」であり、この「継続」がどれだけ精神的に豊かな生活を作り上げていくのかということを、それが苦手な人の立場にも共感を寄せながら示唆している。そしてこれは「制作論」でもある。

まず人からの評価はいらないということ。多くの物事において才能は言い訳にならないのだから、他人に言われたところで諦めるなという確認からはじめられる。才能は継続することでしか示すことはできないのだから、ただ積み重なっていくことの喜びを感じていれさえいればそれで良い。

いきなりといえばいきなりだが、坂口にとっては自然な形で「制作」の話へと合流する。作りたいのに作れない人には傾向があるという。それは慣れるに従って自己否定がはじまるということだ。習熟して物事がよくわかってくればくるほど、悪い意味での小利口となってしまい、自分を落とすような言い訳を考え出してしまう。たとえばはじめは行為自体に満足がいっていたのに、今度は描き上げた絵を見て落ち込み始める。それは自分で調子に乗っているだけなのである。

そんなときに慣れて手を止めてしまわないためのコツはシンプルだ。ネガティブな意味で慣れそうになってしまったら、二度と同じ方法を繰り返さないこと。そして嫌になった途端に、すべて止めることである。作りたくても作れないスランプというのは、作りたいものの誤解が生じている状態ともいえる。作りたいものは、坂口にとってきちんと見極めさえすれば見つかるものである。坂口の場合は、やりたくないことは一切やりたくない代わりに、実はとにかく苦しいということを書きたいと思っていた。

継続を可能にさせるものにも触れられている。それは自分や他人の評価、判断などは変化していく可能性を多分に含んでいると、常に考えられるような謙虚さである。坂口いわく、無能の馬鹿にしか、永遠に修行を継続するという難行はできないのだから、ただ本当に作りたいものを夢中で作っていれさえすればよい。

名作は他の天才の方々に任せて、僕たちはさっさと駄作を馬鹿みたいに作り出しましょう。それで良くないですか？　そんなに書いたものがオリジナルと認められて、それで成功したいんですか？　そんなことじゃないでしょ。この生きている時間を、ただひたすら自分がやりたいことだけで埋めていきましょう。そのためには何でもかんでも利用してやる、くらいの気概があってもいいかもしれません。なぜならそれができていれば、継続できますから。死ぬまで。それは幸福なんです。

（『継続するコツ』107頁）

人から見たら、たいしたことがなくてもよい。たいしたことはないけれど、なぜかその行為を継続することが、自分にとっての揺るぎない幸せにつながっている。この確信が人を生かすのである。これが坂口の方法論のふたつめの特徴、「継続」である。才能＝継続＝幸福になるための方法を証明するような「制作論」が導き出される。好きなことの継続は、坂口のなかでは直線的に制作と結びつく。先に示した「日課」の意味合いをより強調し、他人からの評価でやる気を失ってしまうことを避けるために、才能の話をうまく乗り越えるために、「継続」こそが注目されることとなった。

最後に、坂口のすすめる「経済」の在り方について、『お金の学校』から紹介する。ここでの「経済」というのは、大きな全体の経済市場にまつわる話ではなく、あくまで個人の話、個人の中にいかにして「流れ」を起こすのかというところからスタートする。お金は「流れ」であると考えて、具体的に経済を起こしていくことを促す。ここでも、遅いとだめ、めんどくさいとだめ、気持ち悪いことは一切しない。それははじめから内蔵された、死なないための工夫でもある。

楽しくないところには流れは発生しない。愉快な流れが経済になるとして、「それって心地いいの?」をひたすら判断材料にしながら、具体的なアドバイスにも踏み込んでいく。たとえば企画書を作成する際には、心地よさと目的をはっきりさせることだけ意識すればよい。

というわけで、僕は画集をつくることにしました。

なぜならパステル画を思い切り、プロ仕様で描きまくりたかったからです。本を出すとなると、毎日アトリエに向かえちゃえます。妻から何処かに遊びに行こうと言われても、いや、本を出すから、と言って、なんか仕事モード風に子供が休みの日でもアトリエに行けちゃいます。

趣味じゃないんだよ、って雰囲気出すと、何もかも変わってきます。パステルも本気モード入ったので、本格的な道具を揃えます。料理家のキッチンスタジオみたいな感じです。好きなものを好きな場所にストックも備えて品切れしないように安心安全の設備。そんなふうになれるんです。

本を書くっていうのは、そうやって本格的に向き合う環境設定のために宣言することなんです。それが僕の経済の起こりです。もうここには一つの流れが発生してます。

(『お金の学校』 82頁)

本を作ると決めた僕の流れ、そして、その本を買う読者の流れ、これらは違う流れです。複数の流れ。複数の流れが明確に見えたら、さらにレッツゴーの瞬間です。これは流れになるんです。しかも複数の流れによって、立体的な流れになる予兆です。

（『お金の学校』 83頁）

自分の心地よさが、他の誰かの心地よさへと繋がっていく。流れが滞らないことで、経済は複数化していく。坂口が重要視するのは「気前の良さ」である。あなた自身はいくらでも分裂できる。あなたは複数である。これが経済の基本である。

経済を考えることは、私とは何かを考えることに繋がる。なぜなら坂口にとっては経済がどうやって発生しているかというのは、自分が（自分の流れが）どのように発生しているかということと同義だからである。ここから経済とはあなたの健康のことでもあるという示唆が可能となる。仮にお金がなくなれば不安になるとする。それが死因の多くであるならば、お金を稼げば良い。お金を稼ぐには、経済を発生させれば良い。それも健康的になれるのであれば、一石二鳥である。

お金を稼ぐということ、そのために経済を考えることを通して、健康に近づいていくというのが坂口の方法論である。とにかく気持ちよく「流れ」を作ることだけ意識して、他者の「流れ」さえも呼び込んでいくような態度が推奨されている。

①好きなこと（声）をみつけ、②日課として継続すること。③その流れている状態を経済と考えて、他者との交流にも活かしていくこと。この過程こそ、坂口が２０２０年以降の著書を通して強調する自殺予防のための方法だとまとめられるのではないだろうか。

多少の繰り返しになるが、これらの要素をふまえて、「好きなことをしなさい」がすなわち「制作しなさい」へと近づいていることにも注目しておきたい。日課や段取り、経済についてなどの話は、制作を話の中央にすえればまとまった説明をしやすいという理由も考えられる。だが本質的には坂口は表現者なのであり、方法論としての制作が出てくるのは彼にとって自然なことなのである。

加えて、『躁鬱大学』では「どんなにささやかな行為でも人に見せて、リアクションしてもらうということが重要、リアクションだけが命」[*2]と述べられてもいるように、制作はリアクションを生みだすためにも必要なものとなるのだろう。つまりここでは、いくら自分自身の行為とはいえ、それを見てくれる他者が必要とされる。

他者のリアクションに依存してしまってはアテンション・エコノミーそのものではないか、そう思うにはまだ早い。坂口の経済は注意経済とは区別されるものである。「態度経済」や「市（いち）」の感覚と坂口は表す。彼が興味を持っているのは、近代的な自由主義の市場で生きるよりも、土地とコミュニティとの関係の中でどのように経済を発生させていくかということなのだ。

彼の熊本での生活をみるとわかりやすい。坂口は「坂口恭平生活地図」というものを作っているが、ここには顔のわかる人同士が共有する、極めて具体的な経済模様が透けてみえる。今日は「早川倉庫」で執筆をしよう、橙書店の店主に原稿を見てもらおう、長崎書店は自分の本をたくさん売ってくれている、超いい音楽をききたければ食堂ＰＡＶＡＯで時間を過ごそうなど、彼の受け取るリアクションや彼が共に回している経済というのは、多くの場合自分のまわりの土地やコミュニティに根ざしていることがわかるだろう。

これらの特徴をまとめてみると、坂口の自殺予防への方法論としては、まず制作がある。それは書くことでも絵を描くことでも音楽を作ることでも、なんでもいい。好きなことを見つけ、それをする。だがそれを制作へとつなげていくことで、さらには継続していくことで、経済を生み出していく。経済とは、アテンション・エコノミーを指すのではなく、身近な土地とコミュニティに根付いたものを主眼とする。

宇野の第3象限（日常×自分の物語）のアプローチとは、まずアテンション・エコノミーへの抵抗から出てきたもので、最終的にいささかぼんやりとした形を取りながらも「庭」のような有機的な環境を整えること、と説いている。批評を書くこと、事物を制作すること、そしてそれらを走り続けるように行うこと。ひとりあそびはきっかけを見つけるためにも役立つ。

制作、継続、経済。これを自分の好きといえる範囲でおこなっていく。その点において宇野の主張は坂口の実践と構造的にも重なり合うのではないか。第3象限（日常×自分の物語）の議論を、本文では安心欲求へのアプローチとして捉えた。そしてそれは、自殺予防のための実践とも非常に類似する。であるならば、安心欲求へのアプローチは自殺予防のために有効であるかもしれない。

そして、いま宇野と坂口両者の方法を比較し、架橋することで、この安心欲求へのアプローチには奥行きがもたらされる。両者の議論は非常に類似しているとはいえ、言葉の使い方などから生まれる細かなニュアンスの差異が存在する。それらを組み合わせれば、今後さまざまな方法のバリエーションを考える際にも役立つだろう。

もし「死にたい」に困っているのであれば、社会の中で憂鬱を覚えているのであれば、これまでにまとめた宇野と坂口の方法を試してみてもらいたい。

12

大体はこれで解決となる。だがもう少し踏み込みたい。

宇野も、そして坂口も、「制作」というところにこだわる。頼りにしている。そしてそれには理由があるだろう。

まず宇野の場合は、2005年に同人批評誌『PLANETS』を創刊してから現在に至るまで、一貫して制作を続けてきた。PLANETSは同名の批評誌の発行をおこなうサークルから法人化し、書籍の出版、メールマガジンの発行、動画番組の配信、イベントの開催、オンラインサロンの運営などの多岐にわたる活動がある。文筆家やコメンテーターで終わらないというのは、批評家として珍しい。

坂口の場合も、毎日日記を書き続けている。毎朝起きて原稿用紙40枚を書き上げ、それを継続していったわけなので、書き上げた原稿の量は膨大だ。彼の『坂口恭平躁鬱日記』や『発光』をみれば、1冊の本が日々の積み重ねだけでも簡単に成り立ってしまうようにすら映るが、もちろん1冊の本は簡単な量では成り立たないのである。むしろ1ページを上下に分割するくらいでないと、坂口の文章は収まりきらない様相すら見せている。もちろん彼の制作が文章だけにとどまらないということは繰り返すまでもない。

つまるところ彼らは、制作のプロなのである。これまでの議論を踏襲するなら、そこにはプロもアマもない、ただ継続があるかないかだけだということになるが、やはり彼らのような実践者が未だ数少ないことからしても、そこになんらかの難しさがあることも確かなのではないか。

つまり、そこまで簡単に制作ができるのかということだ。「レベルは求めていない、ただ楽しくやれば良い」ですまされるものではなく、実際にはどれだけハードルを下げたとしても制作が難しいという人もいるのではないか。

もちろん、例えば坂口であればこう言うだろう。自己否定はするなと。さらに彼の場合は制作の一歩手前になる「企画書」を書くことで乗り切ろうと、まず手を動かすための具体的な方向を示してくれるかもしれない。だがそれでもなぜか身体が動かない。なぜかはわからない。おそらく「身軽さ」なるものが生じてこない。想定通りにいかないケースも出てくるかもしれない。

困難を覚えているタイミングで、「とにかくやれ」「とにかく作ってみろ」という促し方にも頼りたくはないし、宇野や坂口個人の素質へと還元することもよくない。なぜか制作ができない。制作が難しい。そんな人たちにとっての逃げ道を、方法を考えてみる。

強調しておきたいのは、「制作」自体を否定しているのではないということだ。制作に入り込めるのであれば、それで良い。制作で心が救われ、「死にたい」から逃れられる実感を持てたのなら、続けていくべきである。本文は、この方法は適していないのだなどと指摘するものではない。あくまで向き不向きがあることすらも直視して、都度のベストな回答を選択していけば良いのである。その上で、制作が肌に合わず動けなくなっている人のことを考えてみる。

なぜ人々は制作に対し、ある種の難しさを覚えてしまうのか。

たとえば制作を阻害する壁のひとつに、万能感があげられるのではないか。精神科医の斎藤環は、初等・中等教育の現場で、子どもの「無限の可能性」を煽る傾向があると指摘している。

—— 子どもには成長していく過程で「自分はこういう存在で、それ以外にはなれないらしいな」として、自然にあきらめを獲得していく側面があるんです。ところが戦後民主主義の教育は「君たちは何にでもなれる！　だから夢を捨てるな」と強調し、そうしたあきらめを禁圧する性格があった。いわば、教育システムが「去勢」を否認してきたわけです。

（『心を病んだらいけないの？』110頁）

斎藤によれば、戦後民主主義の教育には「無限の可能性」に加えて「協調第一主義」をも重ね合わせるというダブルスタンダードが存在していた。いわば「君たちは何にでもなれる」と言いながら、クラス運営などでは出る杭を徹底的に叩くといった風である。*3

そして、日本の教育現場で万能感の強調が止まらないことの背景には、キャリア育成面での要因もあるという。ヨーロッパでは、フランスのバカロレアやドイツのギムナジウムのように、中学生くらいの段階で学歴のコースがほとんど見えてきて、場合によっては職業教育と一体化して将来の仕事までが決まってしまう。それに比べ、日本では圧倒的多数が普通科の高校に進学し、過半数が大学を目指すという点で、良くも悪くも万能感――「努力すれば何にでもなれるはずだ」という感覚が温存されやすいシステムになっている。

もちろんそれが意欲や行動によって支えられていれば良いのだが、実際には万能感は人の行動を阻害して無気力化する作用のほうが強い。「何にでもなれるはずの俺が、なんでこの程度なんだ。バカバカしい、生きるのは無駄だ」といったような気持ちを誘発してしまう、と語る斎藤の議論には説得力がある。

夢や万能感に支配されて、身軽に動くことができない。動けと言われても、動いた先に恐れがあるのだから、むしろそう簡単には動けない。これが制作を前にして踏みとどまってしまう現代人の背景にあるのではないか。*4

また、制作が導くような「人のリアクションを求める人生」というのが肌に合わない人もいるはずだ。制作自体の楽しさと、それを人に見せることとは本来繋がらなくてもよいものであるかもしれない。じつはこの部分が坂口にとっては自然な形で繋がっている。

躁鬱人は一人でいる時間を充実させることはできません。そのかわり、一人でいるときも誰かを頭に思い浮かべながら、その人たちのことを喜ばせられると思うと、どんなことでもできます。

ぜひ、そうやって過ごしてみてください。躁鬱人は一人で映画を観るのが苦手ですが、映画を観たあと、長い映画評を書いて、友達に送る、もしくは発表する、それを継続して、自称だろうが映画評論家みたいになる、と決めると、一人だろうが、気にせずどんどん映画が観れるようになります。今日は泣きたいから、泣ける映画を観るなんて、自分のためにしてあげることはいっさいできません。ところが、映画の素晴らしさを他の人に伝える、もしくはその映画を作った映画監督や、素晴らしい演技をしている俳優の方々に直接、感激した詳細な理由とお礼をメールすることは得意です。

どんなにささやかな行為でも**人に見せて、リアクションしてもらうということが重要**です。リアクションだけが栄養です。それ以外の栄養はありません。自足するなんてことにはまったく興味がないのです。興味がないのに、そういう生き方が人間らしいんだと勘違いして追い求めると、人生をこじらせてしまいます。さっそくやめて、常に人のリアクションを求める人生に切り替えましょう。なにも問題なく、のびのびとできるようになりますし、人のリアクションがよければ、人生はさらに好転するでしょう。好転すれば通院する必要もなくなると思います。

（『躁鬱大学』41～42頁）

しかし、である。たとえば「人のリアクションを求めること」をそこまで求めていなかったり、単に自分のために映画を観ることができてしまったりといった逆の事態について考えてみると、これらは安心欲求を抱えた「死にたい」人の場合であれば十分に現実的な状況なのではないだろうか。つまり自分を潜在的な危険のもとへ開くこと自体が難しく、承認欲求の回路に飲み込まれること自体にも抵抗を覚えるのである。

坂口の言っているリアクションのなかには、もちろん「市（いち）」の感覚が含まれているのであって、承認欲求だけに飲み込まれない環境というのが意識されているのだろう。だがやはり、この制作の受け手としての人間関係資本のネットワークを整えること自体にも運や状況などが関与してくるはずである。それを整備できないまま、人のリアクションのためだけに、その目的が先立って制作を続けていくといった状態は、承認欲求社会の渦に飲み込まれる可能性もまた増やしてしまうだろう。

制作の難しさや制作への態度の違いについて語ってきた。ここにはおそらくだが、制作できる者と制作できない者のあいだに横たわるコミュニケーションの淀みが存在する。コミュニケーションの交通がうまくいかない。まるで生きることを目的とした人と「死にたい」人とのあいだに壁があったように。たとえば片方からは簡単に見えておすすめの方法ですら、もう片方にとってはそうではないということがあり得るのだ。

とどのつまり、「死にたい」者に制作を促した場合、それがうまくいかなかった際に同じ手法を勧め続けることは難しい。すんなり制作ができる人には安心欲求へのアプローチが機能するものの、それが難しい人には課題を残す。

もちろん、坂口の場合は、はじめの一歩というか、はじめのひと押し、はじめの観客として、「死にたい」人の制作のプレッシャーを和らげるために電話もうまく活用しているのだろう。坂口本人から励まされれば、その場でやる気が起きてくるかもしれない。

とはいえ、ここに次の問いが見つかったといえるだろう。どういうわけか制作が難しいと思ってしまう「死にたい」人はどうしたらよいのか。安心欲求へのアプローチを、制作なしでも考えることはできないか。

そもそも「死にたい」人は普通に生きている者からのアドバイスにも耳を傾けづらいのであった。同じように自殺を考えていると思えてようやく、いくらか本音が出てきはじめる。生きるために制作しろ、安心欲求へのアプローチを行えと言われても、身体がうまく動かないのも自然なことかもしれない。

であるならば、こう考えてみる。いちど「死んでみる」、ただし仮の形で。死に向かう感覚を部分的に受け取るのである。

ではどうやって？　「移民的行為」は、これを解決できるひとつの方法だ。よりテキトーに、よりゆるく生きていけばよい。

［第4章　注釈］

＊1　『いのっちの手紙』25頁。「今の一日一〇〇件、つまり月に三〇〇〇人が僕にとっての今のところの限界であると理解した」と坂口は述べているが、それくらいの数になると偏頭痛が始まるなどの問題も起きてくるため、電話はあくまで彼にとっての無理のない範囲で行われている。

＊2　『躁鬱大学』41頁

＊3　『心を病んだらいけないの？』110頁

＊4　無限の可能性という点でいえば、美術、音楽、図工、書道といった芸術に関する科目が、評価として点数が付けづらい分野であるということにも目を向けておきたい。たとえば才能という言葉でごまかされたり、基準があいまいなままに評価も積み重ねられていくなかで、制作を続けることに困難を覚える可能性もあるかもしれない。

第5章　ひきこもり移民というダイブ

13

移民、それはいちど擬似的に死ぬという「切断」の身振りである。

なぜ「切断」なのか。まずは移民の様相をひきこもりの観点から明らかにしていこう。

ひきこもりとは何か。斎藤環はこれを「社会的ひきこもり」とした上で、「二十代後半までに問題化し、六ヶ月以上、自宅にひきこもって社会参加をしない状態が持続しており、ほかの精神障害がその第一の原因とは考えにくいもの」[*1]と定義している。

このひきこもりだが、現代社会では、わかりやすいところでいえば学生の不登校の問題ともしばしば重ね合わされる。これは概ね出席を前提とする学校という場所において、中長期間にわたって欠席をした場合にそれが目立ちやすいからかもしれない。仮に会社で同じようなことをしても、もう戻ってこないものとみなされるか、休暇と考えられる場合もある。

現状がどうなっているかというと、文部科学省の「令和3年度児童生徒の問題行動・不登校等生徒指導上の諸課題に関する調査結果について」によれば、不登校を行う生徒の比率は1990年代を通じて増加し、2000年代にゆるやかな減少をもたらすものの、2010年代に入ってから再び増加し続けている。

1990年代に関していえば、学生の不登校問題が顕在化した時期である。当時の多くの新聞やメディアが不登校を取り上げただけでなく、岡崎京子の『リバーズ・エッジ』など多くの文学的想像力の中にも、家にひきこもる不登校生徒の姿が描かれた。1990年代のひきこもりが登校拒否という形で現れ、社会問題となっていたことはいくぶん想像しやすいのではないか。

2000年代の若者の様子は、古市憲寿『絶望の国の幸福な若者たち』などにまとめられている。2000年代を生きる若者たちは、日本での生活に「幸福」を感じながら生きている。10代、20代の彼/彼女らは、私生活のまわりにあるコンテンツをうまく活用し、現実を拡張して楽しむことでストレスを軽減させる。2000年代に不登校の生徒数が実際に減少しているということは、そのような分析が決して的外れでないことを示すのではないだろうか。

そして2010年代、再び不登校生徒の比率は増加している。ひきこもる若者の数もわかりやすく増えだした。なぜひきこもりが増えたのか。ここではすべての原因を検証することはしないものの、社会不安やうつ、自殺といった本文で扱ってきたような要素と隣り合わせにしてひきこもりが起こっているだろうことは、想像に難くない。事実、ひきこもりの延長として自殺に至るケースも少なくない。

ここに興味深い事実がある。1990年代にかけて格段に増加し、2000年代にはやや減少の様子を見せ、2010年代に入って再度その数を増加させたもうひとつの現象があるのだ。当然ながら不登校比率のグラフともよく似た軌跡を描く。それは「日本人の海外留学者数」のグラフである。文部科学省の『「外国人留学生在籍状況調査」及び「日本人の海外留学者数」等について』から確認できる。

1990年代を通して、日本人留学生の数はおおよそ3倍近く伸びた。より詳しくみれば、1985年のプラザ合意以後のバブル期にかけて拡大している。船守美穂が「日本人の海外留学と日本経済―日本人は内向きになったか」で述べているように、バブル期の急激な円高の進行が日本からの海外留学を強く後押ししたことは理解しやすい。

2000年代に関しては、日本人留学生の数は著しく減少したあと、ほとんど横ばいのまま2009年に至るといって良いだろう。原因としてはアメリカ同時多発テロやアジアにおけるSARS（重症急性呼吸器症候群）の流行が影響している。これまでに経験してこなかった未知の恐怖に対して無理をしないことが当然のように選ばれたのか、国外への留学はあまり求められなかった。

2010年代はどうなのか。留学したい人々の助けとなったのが、インターネットを介したグローバル環境の成熟と、2010年における羽田空港国際線ターミナルの完成である。日本にいながら世界中の情報を前もって調べることが可能となり、便数が増したことから海外への航空コストも大幅に下がった。日本人留学生の数も大幅に伸び続けていった。2019年の12月初旬には中国の武漢市にて第1例目のCOVID-19感染者が報告されているため、当然ながら正確にはそれまでの上昇傾向であることを付記しておく。

文部科学省『「外国人留学生在籍状況調査」及び「日本人の海外留学者数」等について』(図2)をみると、1990年代から2000年代にかけての増減は比較できるものの、2010年代の統計に関しては計測方法が変わったため判断が付きづらくなっている。簡単にいえば、現地の日本人留学生の持つビザの種類によって区別を変えたということだ。これにより実際の変化がわかりづらくなっているため、今度は独立行政法人日本学生支援機構による調査結果のほうを参照してみる(図3)。こちらのグラフからは、2000年代と比較して、2010年代には日本人留学生数が飛躍的に増えていることが確認できるはずだ。

「日本人の留学者数」には以上のような傾向が見受けられる。そしてグラフは不登校生徒の比率と同じような増減を描くのであるが、もう一歩踏み込んでひきこもりの感性をふまえるならば、2010年代の海外渡航にはまた別の興味深い見方もできるのではないか。

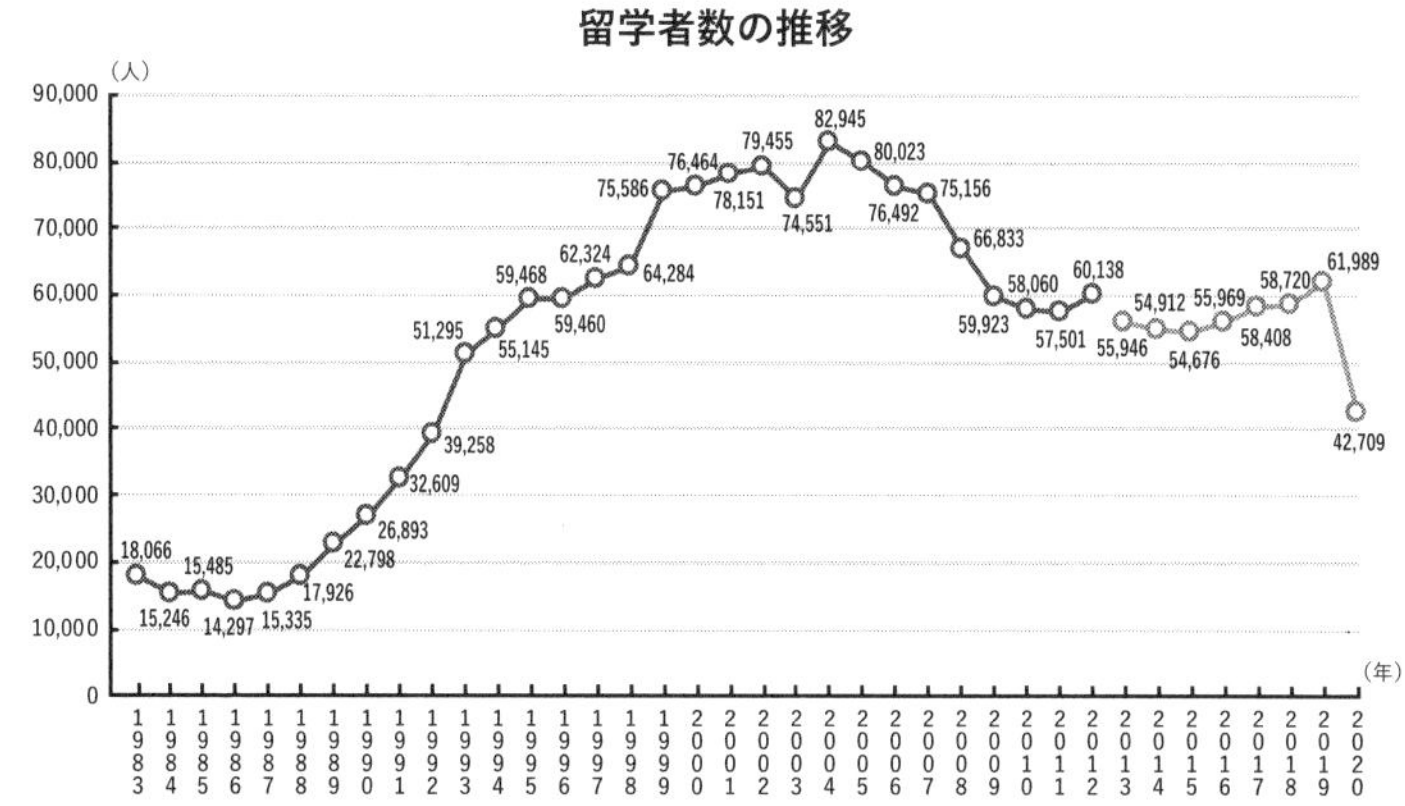

※2012年統計までは、外国人学生（受入れ国の国籍を持たない学生）が対象だったが、2013年統計より、高等教育機関に在籍する外国人留学生(勉学を目的として前居住国・出身国から他の国に移り住んだ学生）が対象となったため、比較ができなくなっている。

［図 2］ 留学者数の推移
文部科学省「『外国人留学生在籍状況調査』及び『日本人の海外留学者数』等について」をもとに作成
（https://www.mext.go.jp/content/20230201-mext_kotokoku01-1412692_00003.pdf）

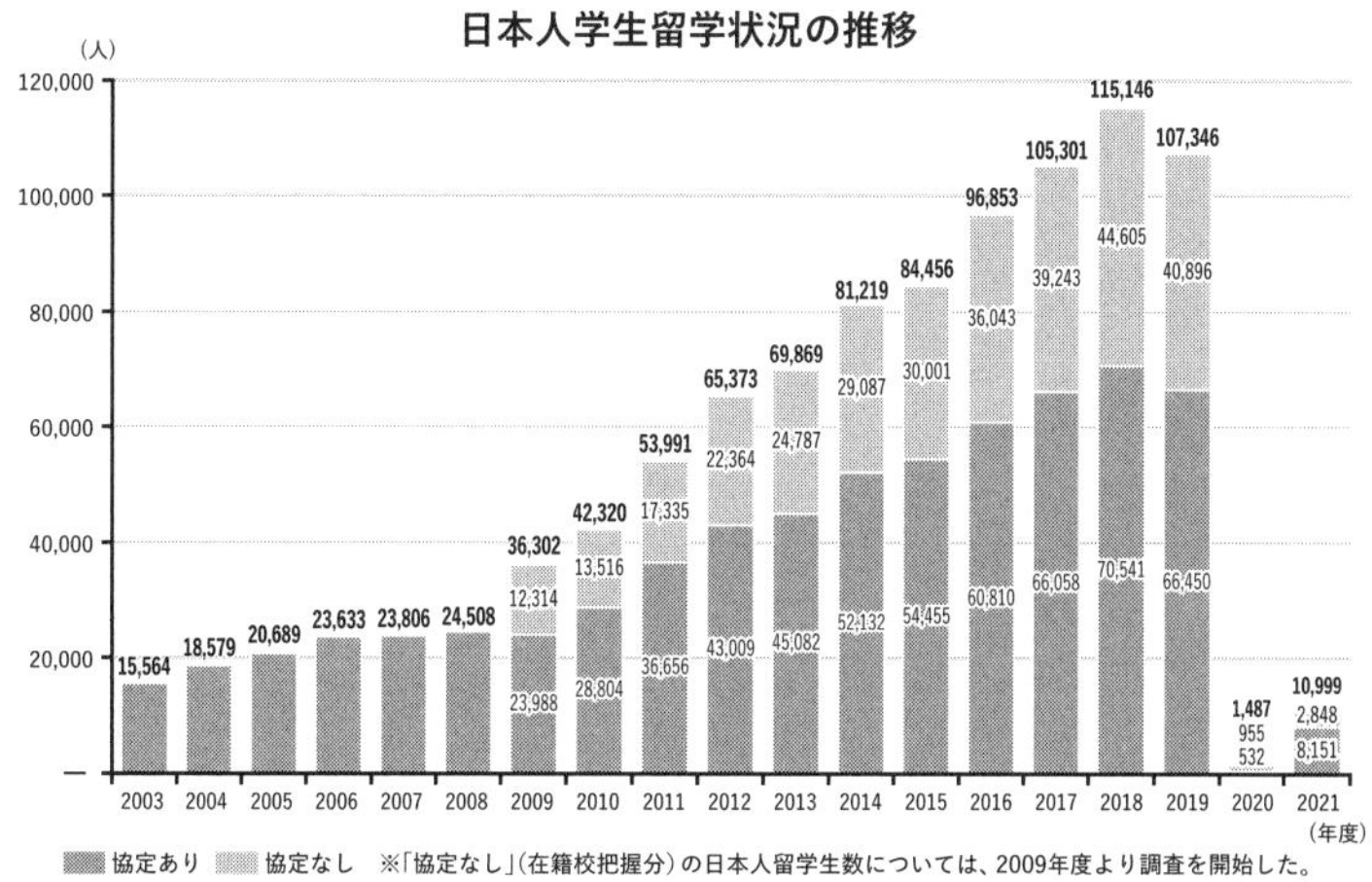

協定あり　協定なし　※「協定なし」（在籍校把握分）の日本人留学生数については、2009年度より調査を開始した。

［図 3］ 日本人学生留学状況の推移
独立行政法人日本学生支援機構「2021（令和3）年度日本人学生留学状況調査結果」をもとに作成
（https://www.studyinjapan.go.jp/ja/_mt/2023/02/date2021n.pdf）

注目してみたいのが、「棄国」の感性である。

2013年には片岡恭子の『棄国子女』、2015年には増田幸弘の『棄国ノススメ』というふたつのエッセイが近い時期に記されている。片岡は中南米でのバックパッカーとしての日々、増田はチェコへの移民について語っているが、両者に共通して強調されているのは、日本を棄てようとする心性である。とりわけ増田の「本音をいえば、日本からやっとの思いで逃げてきたとの感覚がぼくにはあった。だから移民という言葉より、亡命という言葉のほうがしっくりきた」[*2]、「日本を離れるまで、外国に住むとはその国の人になることだとぼくは本気で考え、家族にそう言い聞かせていた」[*3]などの文章は、本文の文脈においてより重要となるだろう。[*4]

増田は1963年生まれのフリー編集者で、若者の動向とは比較にならないと思われるかもしれない。しかし彼の職業上の移動制限が緩いことがこのような「棄国」の精神を可能にしているとみるならば、それは学生やフリーターのネットワークとも類似してくる。日本での生活を苦しく、嫌に思ったとき、半ば現状の生活のほとんどをいちど棄てきれるような状況に対応して、「棄国」の心性が伴われるということでもある。

「棄国」移民とは、生きるための国を新たに選び直す意識をもち、元の国でのアイデンティティを過度に引きずることなく、移住先での変化へと自らを積極的に開いていく人々のことだ。ストレスフルな状況に対して国を棄て、人生をやり直すことになったとしても、それは彼／彼女らにとっての救済なのである。この「棄国」性とは、２０１０年代における海外移住のひとつの特徴として現れているのではないか。

ここまで、学生の不登校比率のグラフと、日本人の留学生数のグラフが、１９９０年代に増加、２０００年代に減少し、２０１０年代にふたたび増加するという状況についてみてきた。もちろん両者はまったく同じ理由で同様のグラフを描くとは言い切れないものの、これが示唆する現実の様相がなにかあるのではないか。

そして、年代ごとの社会状況や、２０１０年代における「棄国」移民の存在を捉えたとき、ここにひとつの見方が生み出される。それは人々の不安への対峙の仕方として、「ひきこもり」と「海外移住」を同列に並べることの可能性である。

海外渡航者数の数値をあえて重要視していないことにも留意しておきたい。そこには短期的な旅行を楽しむ人の数も入ってきてしまうからだ。留学というのは、旅行よりももう少し長い滞在期間を必要とする。さらにいま海外への滞在を考えるのであれば、ビザの都合や現地での生活情報を集めるためにも、まずは現地の語学学校なりにしばらく通うのが標準的である。そのような都合も、「日本人の海外留学者数」には考慮されている。

また、ひきこもりについては、もはや成人の動向も学生のそれと近いものがある。多くの人にとって、会社に通うことは学校に通うことと同じで、ある意味義務のように捉えられている。しかしそれに逆らってでも、辛い現実から逃避するようにひきこもりたい。その心性はもはや子どもだけのものとして語るべきものでもなく、大人のためにも敷延可能なものである。

ゆえに本文では、学生の不登校比率と日本人の留学者数を、ひきこもりと移民を考える上での参考としている。

移民をひきこもりの一種としてとらえてみるという仮説。ひきこもればひきこもるほど、対人関係におけるコミュニケーションの溝は深くなりがちだから、ひきこもることは概ねネガティブな意味で語られる。たとえばひきこもっていることがバレると、近所の人や友人たちからは変な目で見られる可能性もある。

だがそんなひきこもりを、ポジティブなエネルギーへ転換できるとしたらどうだろうか。そこでは無理なことも求められない。ただ内向きのエネルギーを発動したら、自然に外向きのエネルギーへと変わっているということだ。

そもそも本書は自殺について考えてきたのだった。なぜ先に「移民」的行為が擬似的にいちど死ぬという「切断」の身振りだと記したか。それは以下の理由による。親密圏の外側の見知らぬ他者へ相談をしてしまったり、継続的な制作に取り組むことが難しい人々がいるとして、彼／彼女らは「生きる」を盲目的に信用するコミュニケーションにも疲れ果てている。だがそうしているうちに苦しい状況は好転することもなく、プレッシャーは強まる一方で、自殺へのカウントダウンが進んでいるような気がしてしまう。承認欲求社会のなかでは、安心の磁場も与えられない。

ならいちど仮の仕方で「死んで」みればいいじゃないかと考えてみる。日本での人生から可能な限りでひきこもってみる。そのひきこもりの先を海外移住へと向ければ、逃げるのと同時に新たな生活を始めることもできるわけだ。何かをする、制作をするのは荷が重くても、苦しい状況から逃げると考えればその足取りは軽くなる。

海外への移住といってもいまやそのハードルは以前と比べてだいぶ低い。カナダやオーストラリアへはワーキングホリデーのビザを容易にとることができるし、現地の移民社会において就労はさほど難しくはない。外国語に不安があるならば、たとえば日本食を出しているレストランに狙いを定めればよい。都市部であれば寿司屋やラーメン屋などを筆頭にいくつもの店舗がある。世界中からの移民の影響により、都市部の就労者の入れ替わりは激しいため、アルバイトや社員の募集を出している店舗もしばしば見受けられるはずだ。[*5]

はじめの一ヶ月で現地の語学学校に通い、授業の流れでほぼ自動的に友人関係になる移民たちとともに、情報収集につとめてみてもよい。その期間ホストファミリーの家へと滞在するのも安心できる。次の家は友人たちと探し、家賃を折半してともに生活してみるのもありだ。これらのコストは合計しても、日本にいる間に短期間のアルバイトで稼いだり、可能であれば親や親しい人にお願いして借りるにあたっても現実的な金額におさまるのではないだろうか。

「死にたい」からまず逃れるための逃げ方がある。だがそれもうまくできない、というのであれば、いちど「生きる」という強迫観念から離れてみることもまた有効である。

ひきこもりと結びついた移民の方法は、そのような点でこれまでの議論のなかにあるわけだが、それでもこの移民の最中にうまく安心欲求へとアプローチできないのであれば話は変わってくるだろう。次に、この移民がひきこもりであるがゆえに安心欲求をも促進するという点に関して、より具体的に分析してみたい。

14

ひきこもり移民とは、いちど「切断」した関係性を再度「接続」する身振りでもある。

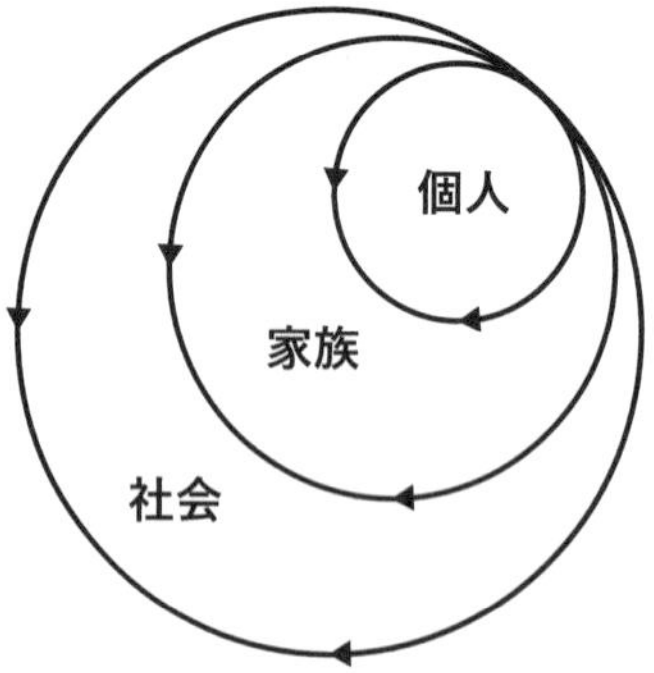

「健常」なシステムモデル

円はシステムの境界であり、境界の接点においては、システムは交わっている。つまり、3つのシステムは相互に接し合って連動しており、なおかつ、みずからの境界も保たれている

［図4］斎藤環のひきこもりシステム模式図を参考に作成

斎藤環によれば、ひきこもりとは個人と家族／社会との接点が失われ、相互的なコミュニケーションが難しい状態のことを指す。これに移民の文脈を合わせるならば、新たな家族、社会との関係を持ち始めるということになるのではないか。

斎藤の「ひきこもりシステム」（図4）を参照する。[*6]

従来のひきこもりは、家族や社会との接点が乖離することによって生じてしまう。そのことを応用して考えるならば、海外移住が乖離した関係を新たに補うような運動性を持っていることも理解しやすいのではないだろうか。

海外移住では、血の繋がらない家庭と仮の家族的契約を結ぶホームステイを利用することができるだけではなく、留学生の場合は共に住む学生寮において疑似家族的な関係性が容易に発生する。そして、移住先の国では、社会の習慣や構造自体も日本のそれとは異なる。移住者は、新たな学校や会社で新鮮な人間関係を構築し直すことができる。

現在、もはや先天的に決められた一つの社会や家族に対してひきこもることは、ネガティブな意味合いにとらわれない。世界を見渡せば、ひきこもりの運動性は、次に国外へ出て新たな関係性を結び直すという積極的なデタッチメントへと変化させることができるのだ。グローバル化が成熟した２０１０年代以降、新しい家族や社会を見つけることが圧倒的に容易になっているのは強調するまでもない。

ひきこもり的海外移住の構造を描いてみよう。

これが「棄国」性を伴ったひきこもりと、移民を繋ぐゆるやかなモデルである（図５）。海外移住により、元々持っていた家族や社会との関係を再生することが可能になる。実際の

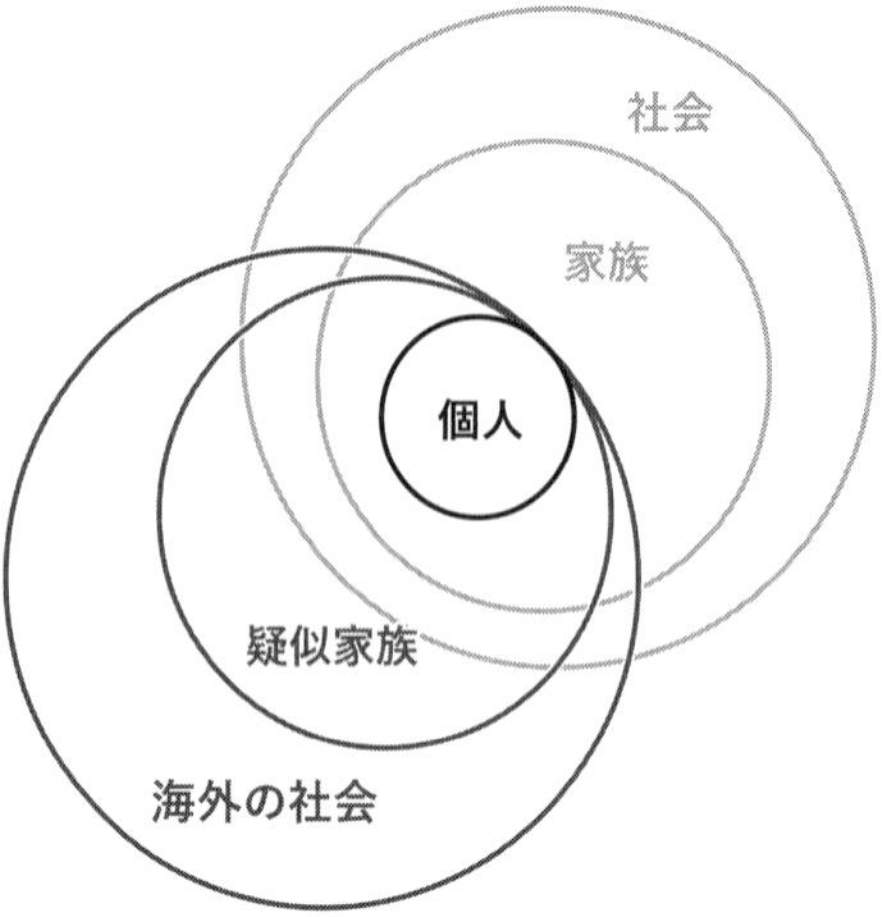

［図5］ひきこもり的海外移住の構造図（筆者作成）

人生からはひきこもってはいないが、日本のストレスフルな状況に対してはひきこもるといった状況が生まれているのである。

これがひきこもりの力学に導かれた移民における「接続」的な側面だ。「切断」が次の「接続」を促す。この移民的行為はいちど死んでみるところから始まる。まず疑似的に死ぬことによる現状からの解放がもたらされ、続いてその死は新たな環境での生へとつながっていく。死ぬ力を利用して、生きることへつなげていくのだ。重力に身をまかせるままに。

新たな家族と新たな社会、そこでもたらされるのは新たな「日常」でもある。非日常を目的とした短期的な旅行とは異なり、この長期的な現地生活で目的とされるのは、ただ新たな日常を続けていくということに尽きる。はじめのうちは異文化体験に都度心を躍らすようなこともあるかもしれないが、それもリフレッシュと捉えればよい。その後はただ毎日の生活が続いていく。そして、とりわけ何かをしなければならないわけではなく、それでよい。日常を送ること、日常であることが重要なのだ。

移民生活では、目の前にある物事をひとつひとつ新鮮な見方で味わうことができる。新しい世界を感じているあいだ、日常に自分の物語が充満しているあいだは、無理をして制作にはげむ必要もない。また、試しに英語でSNSの運用を試してみてもよいだろう。異なる文化圏においては、SNSを使ったり、情報とその裏にある文脈までを受け取るにはある程度の制限がかかる。端的にそのような制限によって、承認欲求社会に入り込みすぎたり、巻き込まれるリスクも減る。ただ気を楽にして、毎日生きていればよいのである。

読者のなかに「死にたい」と感じていて、さらには前章までの方法でもどうにもならないと思っている人がいるのなら、このひきこもり型の移民は別の逃げ道のひとつになり得るはずだ。外国へ行けとは元も子もない着地点だと思われるかもしれないが、その意味や仕組みについて一定の分析を経た今では、ある程度の見込みも立つのではないだろうか。

2010年代以降、不登校の比率と留学者の数は増え続けている。どれだけの人々が両者を架橋するひきこもり移民なのかはわからないし、データもない。だがそうした状況や可能性が仮に読み解けるのであれば、これを応用しない手はない。

「死にたい」がどうしても消えなければ、海外へひきこもるのもひとつの手だ。「生きろ」という声にも、「生きさせようとする」手助けにも、疲れてしまう、死にたくなってしまう。そこに絶望を覚えるのであれば、自らを死なせようとするその重力に従って、ゆるく人生を生き直すのである。ひとつの社会的な死を体感し、新たな社会との関係を結び直すことは、その「切断」と「接続」の身振りの両側面において救いをもたらす。新たな日常を生きていくとき、「死にたい」は静かに遠ざかっていくかもしれない。

15

これまでの話をまとめておこう。

本章は、1990年代にかけて増加し、2000年代にはやや減少の様子を見せ、2010年代に入って再度その数を増加させたというグラフの近似から、ひきこもりと移民の存在を重ねてみるところに議論の土台を置いた。棄国移民という存在がわかると、両者のメンタリティはさらに近いものとして見えてくる。もちろんただ他の目的で移民をしているだけの人もいるのだが、ひきこもるために移民をしている人々の存在が立体的にみえてくるのである。

ひきこもり移民には2つの動きが含まれている。まずひきこもりの要素が持つ「切断」の身振りだ。これで嫌な環境とひとまず距離を置くことができる。次に移民の要素が持つ「接続」の身振りがある。新たな環境で、家族や社会との関係を結び直す再スタートがきれる。前者のひきこもりの身振りはそれだけではネガティブなものとして解釈されてしまうことが多いかもしれないが、移民と合わさることでそのマイナスな色も脱色できる。

このひきこもり移民は、安心欲求を充足させるものとしても機能する。これまでの承認欲求社会の影響力から離れて、ただ素朴に目の前の日常を、自分の物語を生きていく機会が増えるためだ。とりわけ何かをしなければならないわけではないが、異国の地で、制作などの安心欲求へのアプローチはここでも良き仲間となってくれることだろう。

おかしな話だが、このひきこもり移民というのは、もともと「制作」が難しいと感じてしまい、日に日に大きくなる「死にたい」に困っている人に向けて提示されているものでもあった。「死にたい」のに、「生きろ生きろ」と言ってくる人とはなんかテンションが合わないな。「制作が難しい」のに、「作れ作れ」と言われても困ってしまうな。そういう事態が仮に訪れた時、さらに他の工夫で目の前の事態を打破できなかったとき、では「死にたい」という力それ自体を「生きる」ために使おうという発想になる。

生きようというつもりでなくともよい。むしろ辛くて苦しい自分自身を死なせるために、動けば良い。死ぬためなら身体は動きやすくなる。その動力こそを流れ込ませたものがひきこもり移民の考え方なのであり、もとより動ける範囲でしか動けないのだから、そこにしか活路もないのである。

［第5章 注釈］

＊1 『社会的ひきこもり』 25頁

＊2 『棄国ノススメ』 52頁

＊3 『棄国ノススメ』 75頁

＊4 『棄国ノススメ』の冒頭は以下のようにして始まる（9頁）。「ふと思い立ち、日本を離れることにした。ほんの軽い気持ちだった。これ以上、日本に住んでいることに耐えられなくなっていた。目の前にある問題をなにひとつ解決できないでいる社会も、日本人である自分もいやでたまらなかった。そして、ぶらり日帰り旅行に出かけるかのように、ぼくは家族を連れ、日本を離れた。二度と帰るつもりはなかった」。

＊5 円高や円安といった状況が、どのように移住へ影響を及ぼすのかについても簡単に触れておきたい。たとえば円安の状況で海を渡ることに不安を覚える人もいるかもしれないが、実際には、現地の就労で得られる金額が少なくなるわけではないし、日本にお金を送る場合にはむしろ得をすることもある。円高と円安のいずれにおいても、移住生活を送る上では、メリットとデメリットが共存すると考えるべきである。

＊6 『社会的ひきこもり』 100～101頁

第6章　個人作家アニメーションと抽象性の現在

16

さて、「死にたい」に応答できる、他に良い方法はないだろうかと考えてみる。

身体が動かないくらいに苦しいとき、しんどいときに、目の前のパソコンで映画をみたり、リフレッシュの目的も含めて映画館へ足を運んだ経験など、誰しもいちどくらいはあるのではないか。わかりやすい理由としては、それはたとえば映画がリニアな時間を持っているからだ。いちど作品が始まってしまえばあとは終わりに向かって進んでいくため、鑑賞者は身を任せておけばよい。そうしているうちに、娯楽のなかで時間が経過している。重くて辛い時間も、「やり過ごす」ことができる。

しかしこれが仮に小説であれば話は変わってくるだろう。文章を読むために、自らもより能動的であることを求められる。ここでは、自分のペースで読めるということはあまり救いにはならない。自分のペースを守れるという意味であれば、Netflixなどの映像サブスクリプションサービスでも同じことが言えるはずだし、小説の場合、とにかく自分の力で作品を「前に進めなくてはならない」。ページは勝手にめくられていかないし、見開きのページにとどまり続けることでの効果というのも、まず小説の目的として考えられてはいない。

映画には、自分がうまく動けない、それでもなにか動かなければ気持ちが悪いといったときに、鑑賞のあいだの時間を勝手に前進させてくれるという理由で、救いになり得る一面があるのではないだろうか。もちろん、時間をやり過ごすだけではある程度のその場しのぎにしかならないというのも確かであり、作品のなかにまた別の意味合いが重ねられていて、それが救いを上塗りしていくようなものであれば、なおよいのだが。

なぜまだ他の方法について考えを巡らせているのだろうかと思われるかもしれない。本文ではこれまで「死にたい」から逃れるための方法を、現代の社会環境に照らし合わせながら探し求めてきた。しかしさらに突き詰めて考えるならば、以下のようなケースもありうる。自殺の相談ムリ。制作ムリ。移民ムリ。さらにひきこもっている場合であれば、しばしば目の前のスマホやパソコン以外とのコミュニケーションを絶っている場合も考えられる。本当に辛くて、目的に沿って身体が動かないとき、ある意味頼りにできるのは何も考えずにいられる映画館のソファであったり、いつも目前にあるデジタルな窓だけなのである。

だからスクリーンやウインドウ、グラフィカルユーザーインターフェイス（GUI）といってもいいかもしれないが、そこに可能性が映し出されるのであればなおさら良い。

本文では、宇野の文化の4象限の議論をもとにして、映画についてはそれが非日常×他人の物語として、インターフェースに流れる映像作品については日常×他人の物語として分類づけられることを示した。そして「死にたい」からの逃走の道として、日常×自分の物語という第3象限へのアプローチに注目し、第1象限や第2象限のことは強調してこなかった。なぜかというと、たとえどんなに楽しい娯楽作品を見たとしても、どんなに有名な作品を見たとしても、その場の時間をやり過ごすことには繋がるが、基本的にはそれが他人の物語として消費される形式にある以上、安心欲求へと直接訴えかけるものではなかったからだ。

しかしながら、もし別の象限に分類される映像作品を、第3象限的に、日常×自分の物語として受け取ることができたらどうだろうか。

ここから始まるのは、個人作家による、いわゆるインディペンデント・アニメーションの話である。

17

インディペンデント・アニメーションとは何か。アニメーション研究者であり、国内外のアニメーション作品の配給に携わっている土居伸彰によれば、それは個人作家のアニメーションとも言い換えられ、その小規模な制作体制とマーケットの不在（に伴う商業的要請のなさ）によって、作り手が自分の作りたい世界を比較的素直に描くことが許される分野である。その結果、作り手の感じる世界のあり方が濃密に反映され、等身大の現実のあり方をすくい取っているものが多い。

これは一般的に「アニメ」と呼ばれているものとは異なる、とひとまず言っておく。アニメ制作は数多くのアニメーターが集った製作所で行われ、それを統括する立場として監督が存在する。シリーズもののように大作化するアニメの世界では、様々な特徴を持ったアニメーターたちの共同作業がポイントとなるのだ。

そんなインディペンデント・アニメーションは、商業的なアニメの文脈とは異なる独自の生態系、特に映画祭文化の歴史を持っている。土居の著書『21世紀のアニメーションがわかる本』によれば、アニメーションの映画祭は、本来芸術性を評価するものとして始まった。第二次世界大戦が終わって冷戦期がはじまり、東側諸国の国営スタジオでアニメーション制作が盛んになる。西側では、大衆路線のディズニースタジオを有するアメリカでなく、カナダ国立映画制作庁（NFB）が主導して個人作家たちのアニメーション作りが活発化することになった。国営スタジオの作品や個人作家の作品は、商業的な成功を収めることを念頭に置いておらず、そんな彼らがマーケットとは別の評価軸を求めて作り上げたのが、アニメーション映画祭ということになる。1960年にフランスでアヌシー国際アニメーション映画祭がはじまり、その後クロアチアのザグレブ、カナダのオタワと続いた。さらにここに加わるのは、なんと日本の広島である。*1 これらが「四大アニメーション映画祭」と呼ばれ、映画祭を中心にアニメーション芸術のネットワークが国際的に出来上がっていったのだ。

そして、ユーリー・ノルシュテインに代表される個人作家たちの傾向として、社会的影響が自らを規定しようとする場所から外れ、一時的に風の止む「凪」のような場所へと逃れて、自分なりのやり方で世界との関係性を結びなおそうとしたことは、土居が『個人的なハーモニー』の中で指摘している。人々が現実として共有する約束事から離脱し、自分なりのやり方で、手探りで、周囲の世界や歴史とのつながりを考えていくこと。このような態度を指して、土居は多くのインディペンデント作品に「個人的」という言葉を用いるのだ。「個人的な」作品とは、その字面に反して、閉鎖的でも独善的でもない。それは、自分なりに構築した世界との調和なのであり、それは閉じられていると同時に、開かれてもいる。

インディペンデント・アニメーションにおいて何が起こっているのか、どのようにして「個人的な」ハーモニーが生まれているのかを確認するために、表現のレベルにおいても、より具体的にその目立った特徴について紹介したい。

作家たちがこだわったポイントは、アニメーションにおいて、観ているものと捉えられるもののあいだには「ズレ」が起こるということである。これは商業的なディズニーアニメーションの達成が観客にキャラクターをグラフィックとして認識させず、アニメーションの世界を作りものではなく現実の世界のように自然なものとして没入できるようにしたこととは対照的だ。ディズニーは作る／観る行為における「メタファー」の発生をあまり活用しないのに対し、個人作家たちはメタファーの世界、より具体的にはセルゲイ・エイゼンシュテインが提起した「原形質性」を積極的に活用する。

そして、エイゼンシュテインが原形質性という言葉で意味しているのは、アニメーションを観る観客の意識（つまり抽象性のレベル）において起きている変容である。二重性が活用されることで、描かれているもの（実際に存在しているもの）とは違ったものを、アニメーションは観客に見せうるということ、を語っているのだ。簡単な例を出すなら、タコが4本脚で立っていたときに、5本目は尻尾のように、6本目は象のような鼻として動いているように見えてくる、つまり観客にはタコではなく象として見えてくることもあるのだとエイゼンシュテインは主張する。タコは実際に姿を変えているわけではないが、自らの身体の輪郭線を象に模すことによって、結果として象のような印象を与えている。

アニメーションの原形質性とは、フレームの「間」や「上」いうよりも、フレームの「向こう側」への意識であり、眼差しなのだ。「安定した」形状を持たず、好きな形状を取ることができ、発達段階を行ったり来たりする。原形質性とは、いかなる形状をも取りうるドローイングの能力であり、さらにはその性質によって、現実が課してくる永続的な拘束さえ拒絶するものである。

このような原形質性とともに、インディペンデント・アニメーションの大きな鉱脈が生まれてきたといってよいだろう。ノルシュテイン以外にも、その仕組みを応用することで後の技法を発達させてきた作家たちは数多く存在する。たとえばアメリカの映画監督リチャード・リンクレイターは『ウェイキング・ライフ』や『スキャナー・ダークリー』という2本のアニメーションをデジタル・ロトスコープという手法で制作しているが、両作品ともまず実写によって映画が撮られたあとで、再度その映画をトレースしてアニメーション制作のプロセスを踏む。手作業のトレースによって、実写とは異なる浮遊するような現実感覚が宿ることとなり、ここに原形質性の種を確認することができるだろう。『戦場でワルツを』を監督したアリ・フォルマンもまた、アニメーションの原形質性によって、戦時下のリアリティを追求する。興味深いことに、それは単に実写で撮影したものよりもリアルな現実感覚を表現するのである。

アメリカの作家ドン・ハーツフェルトは常々、絵そのものは重要ではないと主張する。彼の作風は「まるかいてちょん」のような棒線画を主としていて、背景にも大胆に空白を残したまま余計な装飾を排している(図6)。だがこの工夫はむしろ観客を物語へのめりこませようとするものであり、シンプルな絵に想像力の肉付けをさせて、観客自身の人生や経験を投影した人間を脳内に呼び出そうとするものなのである。ハーツフェルトの言うように、そこでは「観客が作品を完成させる」。

18

なぜこれが安心の磁場へと訴えかける表現を生み出すのか、またはどのようにしてこれを第3象限的に、日常×自分の物語として受け取るのか。このインディペンデント・アニメーションを読み解くにあたって、新たな解釈を加えてみよう。

［図 6］Don Hertzfeldt『It's Such a Beautiful Day』劇場公開ポスターより

臨床心理士・公認心理師の東畑開人は、自身がデイケアに勤めた体験とそこでの時間を記した『居るのはつらいよ』のなかで、セラピーとケアの違いに触れている。東畑によれば、デイケアのなかにも、そして外来のカウンセリングのなかにもセラピーとケアの両側面があるのだという。[*2]

まずセラピーとは何か。それは「傷つきに向き合うこと」である。世間一般のカウンセリングのイメージは優しいカウンセラーが何度もうなずきながら話を聞いてくれるといったものなのかもしれないが、実際のカウンセリングはそれとは少し異なるものとなる。東畑によれば、「セラピー的な要素が強くなると、生じている問題を明確化し、そうなってしまっているメカニズムに介入し、そこを変化させていくことに取り組む」。[*3]だからカウンセラーには厳しい側面もあるのだという。

「大丈夫」と言われないと不安になったり、落ち込んでしまったり、傷ついてしまったりする自分と向き合うのがセラピーであり、それは傷つけない行為ではなく、あえてそこにある傷つきに触れることにもなる。その過程で、「自分で大丈夫と思えること」を目指していく。

言い換えれば、セラピーには自立の思想がある。自分の問題を自分で引き受け、痛みや傷つきを受け止め、そうすることでより自由になり、人として成熟する。セラピーでは個人が変化していくことが目指される。

一方のケアとは何か。それは「傷つけない」ことである。ケアはその時々のニーズに応えることで、相手を傷つけないことを目指す。そういう仕方で、彼／彼女らの依存を引き受けていくのである。

デイケアには傷つきやすい人たちがたくさんいて、彼／彼女らは多くのニーズを抱えていた。東畑には、それらを一つずつ満たしていく必要があった。そうしないと「メンバーさん」は傷ついてしまって、デイケアにいられなくなってしまうからだ。「いる」とは十分にケアが行き届くことによって初めて成立するものなのであり、安全、生存、生活を根底で支えるケアは、個体が変わるというのではなく、基本的に環境のほうが変わることを意味する。「ケアは傷つけない。ニーズを満たし、支え、依存を引き受ける。そうすることで安全を確保し、生存を可能にする。平衡を取り戻し、日常を支える」。[*4]

自分自身のなかにある迷いやトラウマについて、助けを借りながら整理、着地させていくのがセラピーであるならば、こちらの多種多様なあり方を常に受け止めてくれるのがケアである。こう考えると、前者は自分の「物語化」、後者は「日常化」の話をしているように思えてこないだろうか。

もちろん東畑はそのような言及はしていないが、ここまでの議論に即して捉え直すならば、セラピーとは「自分で大丈夫」と思えるように「物語化」を手伝ってあげることであり、ケアとは、「傷つかない」ように「日常化」を手伝ってあげることなのではないだろうか。そして、カウンセリングの現場でも、デイケアの現場でも、塩梅は異なるもののつねに両者が含まれていることが重要だった。東畑が体験しているような、セラピーとケアが入り混じる現場には、自分の物語×日常というアプローチが垣間見える。

臨床心理士・公認心理師である東畑の議論を重ね合わせることで、本文で論じてきた安心欲求へのアプローチが、セラピーとケアの文脈からも補填される可能性が強まる。それはつまり、自殺予防に対しても心理的に助けとなるような効果を持ち得るということでもある。

インディペンデント・アニメーションの解釈へと話を合流させ、セラピーとケアの実践を補助線に考えるならば、作品中で鑑賞者との間で起きているのも同様の事態なのではないだろうか。

インディペンデント作品特有の個人的な物語が、観客との間で孤独を共有させる。個人作家たちの傾向としてあったのは、人々が現実として共有する約束事から離脱し、自分なりのやり方で、手探りで、周囲の世界や歴史との繋がりを考えていくということだ。鑑賞者の立場からすると、そのような作家の態度と自らの孤独を介して繋がり合い、改めて孤独に向き合いながら、手探りで自立へと向かっていくことになる。ここにセラピー、ひいては自分の「物語化」の契機を見出す。

そしてインディペンデント・アニメーションには、「原形質性」を介して画面を自由に読み取らせる、画面の解釈を求めないような特徴があるのだった。可能な範囲で、おのおのにとっての好きな肉付けをしながら見ればよい。目の前にある画面の佇まいや存在からは、ケアと「日常化」の効能を見出せる。

個人的な孤独を共有すること、鑑賞者がその先を読み込めるようにただ原形質性としてあること。セラピーとケアの存在を媒介に考えることで、2つの状況が両立、混在する地点において、個人作家のアニメーションを認識することができる。ゆえに個人作家のアニメーションは、非日常×他人の物語という文化の第1象限に分類される表現でありながら、日常（ケア）×自分の物語（セラピー）という第3象限の表現として受容される。少なくともその余地を含む。このような仕方で、作品から安心の磁場が生まれ提供されることもある。個人作家アニメーションによるひとつの達成である。

19

ここでケアと抽象性についても、もう少し考えてみたい。抽象性や抽象的な表現というのは一見わかりやすいメッセージではないかもしれないが、見落とされている感覚をつかむ上でのきっかけになりえるからだ。

たとえば他者がはっきり見えている、具体的であるというとき、それは本当に相手の具体性をとらえているのか。そうではなく、実際には、自分が組み立てたわかりやすい具体の像に反射的に相手を当てはめて理解しているだけだ。インターネットにおける大量の情報や、手元の情報で全体像を理解しようとしてしまうフィルターバブルなどがその背景にもあるだろう。

映像作品においても、具体的でわかりやすい画面が求められるというのは、それはもはや観客が作品を自然に受容できるようにといったディズニー的な配慮でとどまらない。アテンション・エコノミーのなかで目立つために、自分が楽に解釈を獲得したいから、そして感想や映えの瞬間を交換するのに便利だからと、承認の磁場へと引き寄せられてしまう。

しかし原形質性などは、その一歩手前に踏みとどまることの重要性を教えてくれる。抽象性だけを頼りにすべてをわかったようなふりはできない。それでもケアは生まれる可能性はあるということ、さらにはこれを抽象性が宿る画面と具体性の宿る物語との両輪で試すことができているところに、個人作家アニメーションの価値は浮かび上がる。

本文に即して再度触れておくならば、作品は親密圏を持たない。当たり前だが。基本的には環境さえ整えば作品は全員に開かれている。作品との距離感というのはおのおのが調整しやすいものであり、人間同士で行われるようなケアの距離感を良くも悪くも持ち合わせていない。持ち合わせていないからこそ、そうであるがゆえに、作品、さらには抽象性を含んだ個人作家アニメーションのようなものは「死にたい」へのケアとして機能するのではないか。

簡単なわかりやすさに飛び込まないための抽象性や、豊かな相互的コミュニケーションのきっかけになるような抽象性について考えてみると、それらは言葉の抽象性とも近いところがあることに気づくだろう。人間は、生まれてから世界の像を獲得していくために、言葉の力を借りる。まわりを取り囲む事物や事象について、意味内容を持つすでに存在している言葉を当てはめることで、理解を積み上げていく。言葉の場合は、いまこのときも新しい言葉が生成されたり、都度新しい感覚が名付けられたりしているわけだから、複雑で難しい伝達をしたいときでもそれはほとんどの場合で成功するだろう。人間は膨大な数の言葉を頼りに、それにすぐに飛びつき、整理することで世界を組み立てている。

しかしたとえば表現するのが難しい感覚について、それにしっくりくる言葉がなかなかでてこないときには、人々は度々言い淀んだり、どもったりもするだろう。それでもなんとか言い回しを変えたり、豊かに言葉を生成していくことで、回り道を繰り返しながらも目的とする内容を送り届けようとすることができるということだ。

映像から影響を受ける身体に関していえば、言語のケースと似ているようで似ていない。半ば公式のように論理的に用いることができる言語とは異なり、身体の場合はあくまでもそれを受容した際の感覚が土台になるからだ。具体的でわかりやすい画面に共鳴を起こすこともあれば、そうではなく、抽象的であるがゆえに奥行きのある画面が価値観に広がりをもたらしてくれることもある。

はっきりと捉えることが難しくても、この身体に訴えかける抽象性というものは、コミュニケーションや自分という主体を考える上で重要なものなのではないか。そのように考えるヒント、きっかけもまた、個人作家アニメーションの体験から現れたものだった。

20

最後に、最新の流れを踏まえて、具体的な作品にも触れておこう。

2010年代には、アニメーションの地殻変動が起きたと言われている。具体的にはそれは、インディペンデント・アニメーションの、長編作品における「非アングラ」化と言う事態を指す。これまでインディペンデント作品のマーケットでは予算や制作上のこだわりから短編作品がそのほとんどを占めてきた。しかし現在では短編を経由しない作家の長編作品や、短編出身だが「商業的に」成り立つ作家が目立ってきたのである。

この背景には、2000年代におけるデジタル化の後押しがある。パソコンが一つあれば長編作品までも作ってしまえるような環境になったため、個人制作長編のスキルが徐々に蓄えられてきた。また、グラフィックノベルの監督など、他ジャンルの作り手がアニメーションを作り始めたことも制作環境を後押しする。エクスペリメンタルな作品を志向しながらも、短編ではなく長編で勝負することのできる可能性が、ゼロ年代に芽生え、20

10年代に大きく育まれることとなったのだ。

この事態は、先に述べたアニメーション映画祭の変化とも足並みを揃えている。四大映画祭の中でも、アヌシーは現在「一強」ともいえる存在感を放っているが、それは映画祭が本来得意としてきた芸術性の評価だけではなく、商業的な貢献についていちはやく考え、実践したからに他ならない。アヌシーは1985年に長編部門を設立し、MIFAという国際見本市とセットで産業面におけるハブとなることを目指してきた。土居によれば、それでも当時のアヌシーに集まる長編は4、5本にすぎず、2010年代前半でも10本程度だったという。それが2010年代の後半にかけて30本以上に増加しているのであり、このことからもわかるように、インディペンデント・アニメーションが長編化され、非アングラ化から商業化の機会により広く開かれ始めているというのは、今まさに起きている現象なのである。これにより、インディペンデント作品が元々得意としてきた表現をより商業的な形に落とし込もうとする「ハイブリッド」な作品が生まれてくることになった。

ここで取り上げたいのは、2019年の岩井澤健治による長編アニメーション『音楽』である。大橋裕之の原作を元に、岩井澤が監督、脚本、絵コンテ、キャラクターデザイン、作画監督、美術監督、編集を担当し、4万枚を超える作画と共に出来上がった。クラウドファンディングも利用しながら7年間の手描きを経て作り上げられた本作は、岩井澤の自主制作作品と言えるだろう。

物語を簡単に紹介しよう。高校生の研二は、不良仲間の太田、朝倉とともに目的もない場当たり的な生活をしていた。空いた教室にたむろしてゲームをするも、暇になって近くの学校へ喧嘩に行く。だがあまりにテキトーに生きているだけなのでその学校の場所もわからずに帰ってくる始末である。それでもある日、ひったくり犯を追いかけるバンドマンから預かったベースギターを研二が勝手に持ち帰ると、これが偶然にも変化のきっかけとなる。研二が太田と朝倉に「バンドやらないか」と声をかけ、ベースギター2つとドラムのみにもかかわらず、とりあえず3人で音を鳴らしてみる。楽器なんてできない、でも「だからこそいいんだよ」。その原始的な音響は3人に衝撃を与え、以降彼らは演奏にハマっていく。思いつきで古武術というバンド名も作った。

同じ学校に古美術というバンドがすでにあることを知り、その演奏を聞いた研二は素晴らしいと称賛。古武術の3人は古美術、とりわけその中心である森田と交友を持つようになる。音楽をこよなく愛する森田から町内で行われる音楽フェスにも誘ってもらい、俄然バンドに熱も入っていく。しかしある日突然、研二は「バンド飽きた」と言って、ひきこもってしまう。太田と朝倉は、研二がフェスに来ることを信じて練習を続ける。

フェスの当日、研二は家の前で他校の不良生徒に囲まれていた。フェスに行きたければボコボコにされるか、持っているベースを自身の手で壊すかの二択を冗談で迫る不良に対し、容赦なくベースを叩きこわす研二。いきなりリコーダーを取り出すと、演奏しながら不良の攻撃をかいくぐって、フェス会場へ走り出していく。古武術の出番がやってくる。ギリギリ間に合い、ステージに飛び乗る研二。リコーダー、ベース、ドラムという組み合わせで3人のライブが始まる。途中からは、自身のライブがハプニングで消化不良となっていた古美術のメンバーも演奏に感化されて飛び入り参加し、音楽はさらに激しさを増す。

不良高校生の3人がひょんな思いつきと衝動でバンドを始め、町内会のロックフェスで演奏を披露する物語ときけば、どこか想像のつく話と思われるかもしれない。だが本作は決定的に新鮮である。前述したロトスコープという実写映像をトレースしてアニメーション映像を作る技術が用いられており、やはり「余白」の多い映像が観客との間に「共犯・

共作関係」を結ばせるのだが、その効果が秀逸なのである。

土居伸彰は本作がとても「乾いて」いるとし、静と動のダイナミックで瞑想的なコンビネーションが面白いと評価する。[*5] 乾いているように見えるのは登場人物の感情だけではない。アニメーションが一般的に目指す傾向があるゴージャスで表現豊かな運動は特に目指されることがなく、ロトスコープの影響により、人物の動きは物理的な現象の一部のようにして、即物的な動きとして伝えられる。また、大橋裕之の描画スタイルとも重なる空白の多い画面構造も、その乾いた感じを強めることとなる。登場人物たちも彼らのいる世界も、「ただそこにあって動いている」ようで、沈黙を多用する演出もその余韻ある空白を生み出すのに寄与している。『音楽』はそのような抑制された手法ゆえに、アニメーションであるにもかかわらず、描かれている出来事がいま目の前で起こっているかのような印象を与えると土居は分析している。

いつも見慣れたアニメーションと比べて、極端に情報の入力が少ないがゆえに、故障中のエスカレーターに乗ったとき自然と体が前に進んでしまうかのごとく、観客の脳内はその情報を埋めようとする。そのことが、きわめて「ライブ」的であり、「フェ

ス」的であり、「音楽」的な性質を本作に与える。フェスやライブで音楽を聴くとき、聴衆は音楽を一方的に浴びるだけではない。それは「体験」として、場所や聴衆たちが作り出す雰囲気や、演者のテンション、観客として参加する自分自身の状態など複数の要因が集まって流動的に状況が変わる「ナマモノ」のような経験になる。

(『私たちにはわかってる。アニメーションが世界で最も重要だって』230頁)

土居は、「余白」が生む「乾き」が観客との「共犯・共作関係」によって埋められたとき、音楽の持つ生々しさが突如として立体的に現れる様相を認識している。これはまさに『音楽』という作品が持つ主題とその表現手法が噛み合うポイントを捉えた、優れた指摘であるだろう。

一方で、この作品に通底するもうひとつの主題にも注目したいのだ。主人公の研二は、いつも本能に従うかのように描かれていて、彼からは人間の感情の奥底にある湿り気のようなものが感じられない。彼は暇をもてあましていて、退屈のなかに生きている。何かをはじめても、飽きてしまう。それでもなぜ研二は音楽に心を掻き鳴らされたのか、なぜライブで演奏するまでに至ったのか。このようなことを考えさせる機会が、『音楽』には溢れている。観客にも訴えかけているものがあるはずなのだ。

まず本文での主張に照らし合わせるならば、好きなことをみつけ、日課として継続してみること。その流れを経済と考えて、他者との交流にも活かしてみること。じつは無気力状態から変化していく研二が、次第にこのようなプロセスを自然と辿っていることに気づくだろう。研二は、日常に自分の物語をかけあわせて生きる安心欲求的なアプローチをまさに実践している。『音楽』はその様をも描く。

そして表現技法に関しても、想像力を呼び込むための「余白」は十分に用意されているのであり、観客は『音楽』の物語をどこか遠くのフィクションの世界として享受するわけではない。大量の描きこみがあり、極めて具体的な世界が立ち現れているのであれば、それはどこか他人事として感じられるかもしれないが、『音楽』に関してはそうはならない。研二たちがたどるプロセスは、想像力の肉付けを伴いながらどこか自分ごとのように体験できる物語なのである。物語の内容はシンプルで薄いものだが、薄くて良いのだ。むしろそれによって、突発的に現れる音楽との出会いや音楽それ自体の時間が優れて強調される仕組みになっており、観客自身の人生も物語に浸透させることが可能となっているのである。
『音楽』は、暇と退屈のなかに生きている、無気力な自分に対してのセラピーとして機能する。物語の内容が自分自身と向き合うことを可能にする。そして、余白に想像力を呼び込ませる画面は、ケアのようにただ自分の仕方で鑑賞することを肯定する。セラピーとケアを媒介にして考えることで、やはりここにも自分の物語が日常的に掛け合わされることがわかるだろう。安心欲求の成り立ちを示唆するような物語が、安心欲求のアプローチそれ自体として届けられる稀有な作品として、『音楽』を改めて評価することができる。

さらに、『音楽』がライブ感や生々しさを演出できることを加味し、簡単な整理もしておきたい。ライブやフェスは本文でいうなら非日常×自分の物語という第4象限のアプローチに分類されるが、『音楽』ではあくまで日常としての鑑賞のなかに非日常の断片が現れていると考えることができないだろうか。ライブのような非日常を抱え込む日常の体験が描かれている。観客にはその音響は他人の起こした音が共鳴を迫るものとも取れるし、なぜか研二たちと同時に自分の内側から原始的な音が誕生しているようにも感じられるはずだ。本文で強調したいのは後者の方である。

『音楽』はそもそも、映画館で上映された長編アニメーション映画である。それがNetflixやAmazon Prime Videoでも観ることができて、自宅にいながらライブやフェスの生々しさを体感できたりもする。文化の象限を華麗に越境しながら、第3象限の安心欲求の領域を刺激する点に、本作品の特異性を見る。

個人作家アニメーションは、世界が実際にどのようにあるかではなく、自分が世界をどのように捉え、どのように感じるかをより豊かに表現する。

［第6章 注釈］

＊1 広島市は2020年の第18回を最後に終了することを発表し、後継として2022年8月から「ひろしま国際平和文化祭」と、そのメイン事業の「ひろしまアニメーションシーズン」を開催している。なお、国際アニメーションフィルム協会（ASIFA）は、「ひろしま国際平和文化祭」を後継とは認めていない。

＊2 『居るのはつらいよ』271頁
＊3 『居るのはつらいよ』274頁
＊4 『居るのはつらいよ』276頁
＊5 「淡さのあとに人間として生まれ直すアニメーション」、『私たちにはわかってる。アニメーションが世界で最も重要だって』所収 228頁

―補遺― 自殺予防のセーフティネット

「死にたい」と感じたとき、友人や家族、誰でも良いが、自分にとってそういった話題まで共有できる人たちが幸運にもいるのなら、彼／彼女らに悩みを聞いてもらおう。

相談に乗ってもらうなかで心が楽になり、長期的にみても解決に向かうなら問題ない。だが問題が深刻なだけに、うまくはいかないこともある。

相談相手が専門家でないのなら、快方に向かうためのより良い意見を求めて、医療機関への診断を勧めてくれるかもしれない。もしくは、ネットを検索して見つけてきた、自分自身で「死にたい」感情をなんとか鎮めていくような方法を教えてくれるかもしれない。あるいは、自殺関連の書籍を一緒に探して、「死にたい」感情を共有できるような文筆家の著作に出会わせてくれるかもしれない。知っているとは思うけどと前置きした上で、電話相談窓口の存在を再認識させてくれるかもしれない。

親しい人達への「死にたい」の相談は、別の専門家への「受け渡し」という手続きを踏むことがある。本文で後述する内容に関わるが、それは相談を受けた側の負担を和らげるための流れ作業のようなものでもある。

こうしてまず、「死にたい」と感じた自分自身の前にはいくつもの選択肢が現れてくるはずだ。これはある種幸せなことでもあって、セーフティネットが整備されているようにも見える。

「死にたい」と感じた人は、それらの道筋から快方に向かうのだろうかと考えると、おそらく話はそう簡単にうまくはいかない。「死にたい」人は、救済への選択肢自体を受け取ったところで立ち止まって、選択肢の中身にはうまく介入できずにいてしまうこともあるからだ。あるいは選択肢のひとつを実践してみたからといって、望んでいた効果がもたらされないと感じてしまうこともあるだろう。なぜ自殺予防はうまくいかないのか。なぜセーフティネットはうまく機能しないのか。

医療機関への敷居の高さを生んでいる原因は、たとえば精神科や心療内科は重症の人がいくものといった「イメージの先行」である。これは働くうつ病患者がなぜ医者にみてもらっていることを隠したがるのかという「社会的な圧力」の問題ともコインの裏表にある関係だ。働くうつ病患者の多くは、自分が精神科ないし心療内科に通っていることが会社にバレてしまえばキャリア形成に支障をきたすと信じているのである。「死にたい」に関しては、病院に行きづらくさせるような空気がその邪魔をする。「死にたい」当人からすれば、自身の「死にたい」がどれだけ緊急の助けを必要としているものなのか判断がつかない、重症がどういったものなのかもわからないといった状況の中で、社会の空気感を突き破ってまで病院に向かうことは難しい。実際に重症であれば、病院に行くことすら面倒で困難だと考える可能性もある。ゆえに、精神科や心療内科に頼ることができない潜在的な患者の数も膨れ上がってしまう。もちろん、実際には症状の軽いうちに自身を守ることも最善の手なのだから、「重症者専用」といったイメージに囚われない判断のもとに、専門家の助けを求めることを考えるべきである。

頭でわかってはいても、精神科と心療内科にうまく頼ることができない。そこで今度は、自分でできるような医学的な療法を探して、試してみる。薬は飲まなくても、ある程度科学的な知見に支えられた実践があるのなら、その気軽な代替案でもなんとかなるのではないかという気がしてくる。幸いなことに、ネットを探せば方法はいくつも溢れているし、どれが良かった悪かったなどの評価も、ＳＮＳなどから判断の材料にすることができる。たとえば代表的な例のひとつに「認知行動療法」というものがある。「認知行動療法」自体は基本的には専門家と一緒に行うものなのだが、自分の感情を整理する目的から今では個人のレベルでも試行されているというのが現実的な状況なのではないだろうか。

「認知行動療法」では、まずネガティブな感情が起こったとき、その感情がどんなものだったかを思い出して書き出す。悲しいとか、イライラするとか、なんでも良い。次に、その感情が何をきっかけに起こったのか、出来事を書き出す。ＬＩＮＥが返ってこないなど。そして、その感情と出来事の間をつなぐような思考について考えてみる。たとえば友人に無視されて不安を抱えている人がいたとして、分類するなら不安は感情、友人に無視されるが出来事である。両者をつなぐものとして、「自分が何か悪いことしたのかな」という心境があったとするなら、これが自動思考と呼ばれるものである。ひとまず、友人に無視された【出来事】、自分が何か悪いことしたのかなと思う【自動思考】、から不安である【感情】と書き出すことができる。そして、書き出された一連の流れを客観的な目で、今度は他人事として見てみる。するとどう見えるだろうか。自分が思っていた「自動思考」以外にも、間をつなぐ他の原因の可能性があることに気づくのではないだろうか。他人事としてみた場合、「その友達はたまたま忙しかったんだよ」などと言えるだろう。友人は、たまたま忙しかったから、無視してしまった。このように他の可能性を書き出していくプロセスは【反証】と呼ばれている。さらに、反証がうまれたときに自分がどんな感情になっているかという【反証後の感情】にも注目しておこう。少し気楽になっているかもしれない。

最後に、その感情を踏まえて次にどんな【行動】をとるべきかも紙に書いてみる。【感情】、【出来事】、【自動思考】、【反証】、【反証後の感情】、【行動】と順番に書き出していくことで、自分自身が抱えている感情から距離を取ることができる。思い込みでぐるぐると悩み続けることなども回避することができる。これが「認知行動療法」の基本的な流れである。

ではこれですべてうまくいくかというと、そうもいかない。

でもなぁ、と私は思う。

私の「死にたい」という「感情」には、この手法は適用できないかもしれない。その「感情」と「出来事」の間には、あまりにも脈絡がない。なぜこの「出来事」に際した私が「死にたい」と感じるのか、「自動思考」の部分でつまづいてしまうな、と思った。
（『死ぬまで生きる日記』147頁）

文筆家の土門蘭は、『死ぬまで生きる日記』のなかで、認知行動療法への迷いを綴っている。彼女にとっての「死にたい」とは朝起きた時に一番多く抱えてしまう感情で、とりあえずの家事や仕事をして気を紛らわしていても、また一日の中で不意に「死にたい」と思う時が出てくる。「死にたい」がいつやってくるかはわからないし、休んだらその感情が勢いづきそうな気がしてなかなか休めないし、怖い。そういった類の「死にたい」に対して、つまり「わからない」をなんらかの解としてもつ「死にたい」に対して、認知行動療法のような科学的なアプローチは躓きを見せてしまう例もある。認知行動療法だけに限らず、科学的なアプローチに対して適応が難しくなるような感情は、個別具体的な文脈においてどうしても生まれてしまう。エッセイにはその困難も記録される。

他方で、日記やブログといった「死にたい」にまつわるエッセイはそれ自体、似たような悩みを抱えた他者の過程を共有することによって、読者の心を楽にすることもできるだろう。各々の書き手が、「死にたい」に替わる別の言葉を探していく過程、そうして「死にたい」を乗り越えたりやり過ごしたりしていく過程をみることで、自分自身が生きるための糧にもなる。だからこそ「死にたい」にまつわるエッセイとでも呼べるようなジャンルが暗に存在するのではないだろうか。

ただそういったエッセイを読み続けていれば「死にたい」から逃れられると結論づけることもできない。言ってしまえばそれは、ある種の「その場しのぎ」であったり「時間稼ぎ」になってしまう可能性も否定できない。理由としては、やはり「死にたい」にまつわるエッセイがあくまで文学的な仕方で身体に訴えかけることを足場にしているからだ。文学的にというのは、ここでは理知的な説明でない「共感ベースで」という意味合いである。「死にたい」者それぞれは同じ人生を生きているわけではない、エピソードも異なる、だがそれでも同じように「死にたい」に関して共感してしまうといった回路を頼りにして、「なんか心が楽になったな」という状態を想像力のなかで生み出し続ける。その都度心は楽にはなるが、異なる人間同士の人生の断片は、共有されても完全に重なり合うことはない。科学的な説明を省いて、赤の他人の「死にたい」が自分の「死にたい」を共感の力で救うというのは、どれだけ効果があるのかわからない。こうして各々の「死にたい」は何度も蘇り続ける。

「死にたい」の専門家たちに「受け渡された」はずの「死にたい」は、いつのまにか行き場を失ってしまう。まずはイメージの先行による精神科、心療内科への敷居の高さが存在した。代わりに自ら見つけてきた科学的なアプローチには包括できないモヤモヤした部分が存在するし、そのモヤモヤした部分という断片は文系的な仕方で共有はできても、一時的な共感だけで止まってしまって肝心の内実を詳しく分析することができない。自分の「死にたい」という感情の、具体的な輪郭がいつまでもつかめない。

このように、自殺予防のセーフティネットはいくらかの機能不全を含んでしまう。だがなにもまったく機能していないというわけではなく、これが自殺増加の原因などと安直に決めつけるのは単に飛躍しすぎた話である。もし「死にたい」で困っている人がいたら、一般的にいって、セーフティネットの存在に気づいたり、興味を持った時点で試してみる価値は十二分にあるだろう。

それでも、だ。うまくいかないのであれば、仕方なく自らで抱え込むしかない。そこから本文の問いも生まれている。

第２部

バーチャル／アクチュアル主体論

第7章　相対性のブラックホール

21

文化の別の象限に分類されるものを第3象限的に受容することができる。安心欲求へのアプローチが機能し、「死にたい」から少しでも遠ざかることができる。これが個人作家アニメーションを例に展開された議論だった。

さらに議論を先へと進めるならば、仮に別の象限であっても「死にたい」に対してなんらかの訴えかけをもたらす作品が浮かび上がるだろう。安心欲求などを意識していないし、示唆してもいないが、「死にたい」や絶望からの「生きる」を描こうとする作品は数多ある。

生きることを「絶対的に」肯定してくれる作品。たとえばサミュエル・ベケットの初期の代表作『しあわせな日々（Happy Days）』がそうだ。

『しあわせな日々』は、『ゴドーを待ちながら』や『勝負の終わり』と並ぶ、劇作家ベケットの初期代表作と言われている。二幕ものの演劇で、登場人物はウィニーという「五十歳くらいの女」とウィリーという「六十歳くらいの男」の二人だけである。ちなみに台詞のほとんどはウィニーが喋る。舞台となるのは「焼けただれた草原の広がり」で、舞台をみるとその草原の真ん中が丸く盛り上がっており、そこにウィニーが腰まで埋まった状態で眠っている。ウィニーの後方、客席からは見えない位置にはウィリーが横になっている。そういった状態から劇は始まる。ベルが間を置いて二度、けたたましく鳴ったのを境にウィニーは目をさますと、独白とウィリーへの問いかけを半々ぐらいの割合で延々と喋り始める。新聞記事を話題にしたり、時事的なことを含めた会話は、ベケットと聞いて想像されるほど極端に抽象的なものでもない。題名が含まれる肝心の台詞が発せられるのは、第一幕の終わりである。

ウィニー　ああこれこそハッピーな日！（Oh this is a happy day!）　またハッピーな一日になりそう！（This will have been another happy day!）　とりあえず（After all.）。ここまでは（So far.）。

――（『ハッピーデイズ』長島確訳、『ベケット戯曲全集2 ハッピーデイズ 実験演劇集』46頁より）

第二幕が開く。舞台装置はそのままだが、ウィニーは第一幕の時とは異なり、もはや首まで丘の土の中に埋もれていて、ほぼ完全に身動きが取れなくなっている。先ほどと同じようにけたたましく鳴ったベルをきっかけに彼女は目を覚まし、再び延々と話し始める。一方のウィリーはというと、シルクハットにモーニング服、縞ズボン、白手袋という服装になると、四つん這いのままウィニーに近づいていこうと試みる。しかし丘からずり落ちることでそれも失敗に終わる。第二幕の終わり、ウィニーは第一幕のそれと全く同じものを、最後の台詞として発する。そのあと彼女が小声で歌い、幕は閉じられる。

簡単な紹介にはなってしまうが、これが『しあわせな日々』という作品である。まずこの作品で目立つのは、『しあわせな日々』という題名とは裏腹に、明らかにしあわせな日々には見えない様相が舞台上に立ち現れているということではないだろうか。むしろ表現されているのは絶望に近い感覚である。救いようのなさ、途方もないくらいの悲しみや虚しさが漂う。ではなぜベケットはこれを「しあわせ」と呼んだのか。もしくはいかにしてこのような状況に「しあわせ」を見出しているのか。ベケットは皮肉を言ったりふざけているのではなく、おそらく真正面から「しあわせ」だと言っている。

この作品の解釈に関しては、佐々木敦の「小島信夫の／とベケット」が詳しい。ベケットの『しあわせな日々』を意識して書かれた小島信夫の『うるわしき日々』を参照しながら、両者の達成について言及している。

ここにあるのは、いわば悲痛さの極限としての（極限に現れる、ではない）肯定性である。この酷薄で非情な世界を甘受すること、一切の諦念とは無関係に、ただひたすらに受け入れて見せること。明らかに取るに足らないささやかなよろこびとたのしみをそこここに見出し、穏やかに淡々と、だが或る透明な決意のようなものを込めて「それで十分」だと思うこと。これこそが、小島信夫がサミュエル・ベケットから読み取ったもの、小島がベケットに共振した最大の理由であったのだと、私には思える。

（『私は小説である』22頁）

〈中略〉

世界は悲惨であり、人生は不条理である。ベケットも小島信夫も、この事実の証明には事欠かない。彼らに見えていた世界と人生は、彼らを強度の悲観主義者、絶対的な虚無主義者にするのに、おそらく充分なものだった。だが彼らは絶望することはなかった。いや、より精確に言うなら、彼らにとっては、絶望にどこまで漸近したとしても、しかしけっしてそこには至らない、言い換えるなら、完全な絶望さえ禁じられているということ、それこそが希望なのである。これは、かろうじて、と呼べるようなことではまったくない。（『私は小説である』24頁）

ポストモダンの受け手としてのベケットの批評性はどこにあるか。佐々木も述べているように、それは「意志の発動」に関係している。たとえばここに、小説というジャンルはどのテーマも書き尽くされてしまっている感があるゆえに「想像力は死んだ」という考えがあったとする。その上で、そこで話を終わらせるのではなく、意志の発動が自在に生じてくる。「想像力は死んだ想像せよ」。つまり論理的な関係性を飛ばして、事実の認識としての「想像力は死んだ」と、意志の発動としての「想像せよ」を併存させるのである。ベケットの作品『想像力は死んだ想像せよ（Imagination Dead Imagine）』などは、このような力学を内側に持っている。

では『しあわせな日々』の場合はどうか。「意志の発動」が示しているのは、いわば「切り替え」の力のようなものだ。それも終着点のギリギリ手前までたどり着くからこそ、自動的に「折り返される」というものではないか。どんなに絶望していても、気持ちを折り返すことができるから前を向ける、というよりも、絶望に至ったならば、その境地において希望へ折り返すしかないということだ。絶望を扱っていたとしても、それは希望の方を向くことに変わりはない。ベケットの表現の白眉とはこのような点にある。

さらにいえば、ベケットはこの「折り返し」がループ構造を伴って循環し続けることの不条理を描き、それこそもしあわせと呼ぼうとしているのだろう。第二幕の終わりは、循環をなす形で再び第一幕へと繋がっていってもおかしくはない。第一幕もまた、おそらく本当は第一幕などではなく、すでに何度目かの繰り返しを経た状況を描いていたのかもしれない。世界は悲惨だが、人生は虚しいが、それでもしあわせであるという状態。これこそが、ベケットが示した生の在り方なのである。

翻って、これは「死にたい」への処方箋として機能するのかを考えてみたい。もちろん、ベケットによる生への提示を受けて、効果がないはずはない。だがそれはどれだけ長く続くものなのか。ここで問われているのは、「死にたい」へ向かうループ構造自体を果たしてどこまで耐え抜くことができるのかという現実的な問題である。厳密にはループ構造自体へのアプローチが考慮されない限り、いかにループ構造を意識した生のメッセージであれ、それは他の一回性を担保にした生へのメッセージと似たものになってしまうのではないか。ループを生きるのが人生であるといっても、そのループが辛いものであれば終わらせてしまうことはできる。

ゆえに重要となるのは、やはり生を終わらせないことの方である。終わりの一歩手前、絶望の一歩手前でほぼ自動的に「折り返される」という感覚が機能するからこそ、ベケットの表現は「死にたい」に対して希望を提示し続ける。

たしかに希望の方へ折り返されるというその方向性に間違いはない。しかし現在の世界を生きる人々にとっては、頭ではわかっていてもこの「折り返し」自体にバグ、不都合が生じてしまう、そんな事態も考えられるのではないだろうか。「折り返し」は作動しているのだが、狙っている通りにうまくいかない。そしていずれは「折り返し」の一点を突き抜けて、絶望の先へと進んでいってしまう可能性があるのではないか。どういうことか。

22

ベケットの「折り返し」という強力な表現を押しのけるものがあるとしたら、やはりすべての意味を相対化してしまう「ポストモダン」からの影響に他ならない。身もふたもないことを言っているように聞こえるかもしれないが、端的にこれは見つめるべき事実であろう。生きる希望がもたらされても、次の瞬間にそれが無に帰すのであれば、死は迫ってくる。

希望にも絶望にも揺れると思うが希望は必ずそこにあるのだから頑張りなさいというメッセージがあったとして、その希望を含んだメッセージ自体が別の絶望の存在によってかき消される可能性がある。だから最後の新たな絶望は「なかったことにして」、希望と絶望について語った希望のメッセージの部分だけをみて、受け取る。言い方を変えるなら、ポストモダン構造の理解を含み、メタ的な操作を行う立場からのメッセージだけを享受する。まずこれが当然の過程であり、こうでもしないと一つの表現というものを相対化から逃れて受け取ることはできない。意味が通る範囲を限定するしかない。

にもかかわらず、残酷にも世界のほうは意味の範囲を限定することを拒み、このメタ的なメッセージさえも相対化しようとする。そういう可能性は常にすぐそばにある。

ではどうすればこの「相対化のブラックホール」とでも呼べる現象に抵抗できるのか。おそらく、現実的にポストモダンの世界に生きている以上、ブラックホール自体を消滅させることは難しい。だから具体的な策を考えられるとしたら、それは「死にたい」を和らげる意味や効果が相対化されてしまうのを部分的にでも防ぐような、あるいは相対化を遅くさせるような回路の正体になるのではないだろうか。逆にいえば、現代人はこの回路に不都合が起こっているからこそ、相対化のブラックホールに飲み込まれ、絶望の一歩手前での「折り返し」も機能せずに、そのまま絶望の中へ進んでいってしまうのかもしれない。

ここから、価値観の相対化に作用するものとしての主体のあり方についても考えてみたい。たとえばいま念頭にあるのは、文脈の剝奪された機械的な処理を繰り返し施すことで、管理意識から連続的に改造されてしまったような主体性である。ぱきっとした価値観の仮固定をなんどもなんども経験すると、次第にいちどの固定に対しての効果が麻痺してくるような感覚。とりわけ、幼少期や学生時代からデジタル環境を生きてきた若者や、これからの未来を生きる人々に獲得されるかもしれない主体性があるはずだ。情報処理のなかである種の存在感すら軽くなってしまう主体を、「バーチャル」な主体とでも名付けてみよう。

なぜ生死を往復する多様なゾンビ表象に囲まれているのか。なぜキャラクターのようにデジタル世界を生きようと試みるのか。なぜ加工編集を伴わせてTikTokのフローの中に漂うのか。サウナでととのっている様子は、なぜ溶けるような癒やしの反映にも見えてくるのか。思考のきっかけは溢れている。

おそらく、過剰な情報処理に慣れるとその主体は、非常にバーチャルでなめらかなものになるのだ。テレビの画素数のように、でこぼこした穴が情報の密度で埋められれば埋められるほど、なめらかになる。情報のピクセルは、そのなめらかな世界の中で瞬時に飛び回り、時間という距離を感じさせなくなる。情報が「**密に詰まりすぎていて、ゆえに軽い**」というそのイメージ。現代を生きる人々もまた、デジタル環境の発展とともに、よりデジタルな情報処理に適した在り方へと変容してきている。

「バーチャルな主体」の可能性を考えると、これが「相対化のブラックホール」と極めて相性の良いものだとすぐにわかるはずだ。両者は噛み合う。「バーチャルな主体」はとめどない相対化を促進する。これが「絶望を相対化させる希望のメッセージ」すら相対化してしまうのに関係するのではないか。絶望に向かっている人にとっては、それは極限での「折り返し」の機会を奪うことになりかねない。

とはいえ、もはやデジタル環境の外で生きるというのも難しい話である。この「バーチャルな主体」を抱えたまま、生きていかなければならない。ではどうするか。ヒントとなるのは「時間」である。「バーチャルな主体」は、時間性のない主体とも言い換えられる。たとえばネット通信は高速に なればなるほど所要時間が消えていくが、「バーチャルな主体」においても高速の価値判断が習慣化しているのだと考えれば、あえて時間を含めるということが逆の動きとして機能する。

「バーチャルな主体」という回路の影響で「相対化のブラックホール」に飲み込まれやすくなると、ベケットからの希望をうまく受け取ることに失敗し、絶望へと向かってしまう。受け取ることはできるし、ベケットが悪いわけではなくはっきりとその効果も感じられる。

ただ受け取り手の問題が作用する現在の状況をふまえるならば、議論を更新させていく必要性もあるのではないか。

23

ではどのようにして「バーチャルな主体」に時間を宿すのか。動きすぎるのだから、そこに重りをつけるというイメージから入る。重りをつけて遅くするとしたら、何が重りに、ノイズになり得るのか。

もしかしたらその答えこそ、本文で考えてきた「抽象性」なのではないだろうか。ここには重さと軽さの転倒があることに注意しなければならない。情報過多すぎて、なめらかに、スリムに見えるという感覚。「抽象性」の重りをつけるということは、逆にその情報量をいちど減らしたり整えるような役割を果たすのではないか。

デジタル社会がそもそも具体性を奪った抽象的なものなのではと思われるかもしれないが、情報のアルゴリズム化が進んでいる現在では、そこはむしろ具体で隙間なく埋め尽くされているような空間である。なめらかな時空間に挿入しようとする抽象性とは、むしろひとつひとつの人間のコミュニケーションを粒立てて、再認識、再構築していくためのものであり、抽象的にすることで、逆にこれまでになかった具体性を考えるきっかけとなるものである。

イメージをあげておこう。一方にデジタルのモザイク絵がある。もう一方には、ジグソーパズルで出来上がった一枚の絵がある。前者はバーチャルな主体の例なのだが、時間性を宿す試みとは、前者を後者に近づけることに近い。もはやデジタルのモザイク絵の世界では、それが以前はパズルのようにしてあったことも、隣り合うパズル同士に関係があったことも忘れ去られている。無意識のように自動的な最適解が一枚のモザイクを作り出すため、ピクセルという断片の存在はほとんど意識されず、溶けている。だがじつはデジタルのモザイク絵の方も、細かすぎるパズルで出来上がっているのだ。そのパズルをいちど解体する。そして粘土のような可変式のピースを効果的に使いながら、新たな図面を作り上げていく。このとき、デジタルのモザイク絵はかつてパズルだったことを思い出す。断片同士の関係性にも、全体の絵柄にも意識が浸透する。

モザイク絵を形作る細かいパズルの断片は、ピクセルのようなものとして捉えてもらっても構わない。問題にしたいのは、デジタル環境に慣れ、抱え込んだ多量の情報とともになめらかになった「バーチャルな主体」を、いかにして「アクチュアル」なものにしていくかということである。「バーチャルな主体」を抱えてしまう状態では多動的過ぎる自らを制御することが難しい。それをもっと落ち着かせて、地に足のついた状態に変えていくこと。決まり切った情報の渦から発生するコミュニケーションではなく、現在の出来事をひとつひとつ新鮮に受け止め、吟味できるような回路を手に入れること。こうした意味合いにおいて、アクチュアルという語をバーチャルに対置させている。[*1]

これだけでは何を言っているのかわからないかもしれないが、濱口竜介の映画が思考の補助線となるだろう。濱口の映画を、以上の文脈と照らし合わせながら考察してみる。

まず濱口竜介とはどのような映画監督なのか。濱口は大学院の修了課題として製作した2008年の『PASSION』、ＥＮＢＵゼミナール映像俳優コースの卒業製作である2012年の『親密さ』、あるいは酒井耕との共同監督作品である2011年のドキュメンタリー『なみのおと』などを通して、活動の初期から批評家や映画ファンの間で高い評価を受けていた。その彼の名前が国際的にも認知されはじめたきっかけはやはり、ロカルノ国際映画祭で主演女優の4人が最優秀主演女優賞を受賞した2015年の『ハッピーアワー』であろう。同作は劇場公開映画としては異例の5時間を超えるというだけではなく、当時はまだ新しい試みとされていたクラウドファンディングで製作資金を募ったり、即興演技のワークショップに参加した人々が多くの登場人物を演じるなどの点にも特徴があった。[*2]

映画研究者の斉藤綾子によれば、濱口の演出方法として特徴的なのが「本読み」である。濱口自身が『カメラの前で演じること』のなかで詳しく説明してもいるが、演技未経験の演者に対しては予想された台詞を事前に覚えることを要求せず、撮影現場で台本を演者全員が読み込んでいく「本読み」を繰り返し、必要であればその場で台詞や脚本の修正も行った。演者が台詞を「からだ」で覚えるまで「本読み」を繰り返し、撮影に臨んでいく。濱口によれば、彼が目指したのは、台詞を読むときに「ニュアンスを込めずに、抑揚を排して読む」ことなのであり、この方法は「紋切り型の感情表現」を避けるためにジャン・ルノワールが採用した「イタリア式リハーサル」を取り入れたものとなる。[*3] そして斎藤は、こうした試みが『ハッピーアワー』で突然変異的に現れたものではない点を強調している。

初期の頃には複雑な人物関係と心理の動きを台詞で説明するのではなく、いかに画面枠内で役者を動かし、どのように配置させるかといった画《え》の構図とカメラの動きを重視した演出法を追求していたようだが、その後、東日本大震災をテーマにしたドキュメンタリー製作の現場で、東日本大震災の被災当事者たちのインタビューの撮影に関わり、「みやぎ民話の会」の小野和子との出会いに大きく影響された濱口は、いかに被災という容易に言葉にはしがたい経験を彼らから語ってもらうか、その語りをどのようにカメラに収めるか、カメラで撮るだけでなく、いかにその声に耳を傾けるか、声をどのように映像として記録、再現するかを模索することになった。こうした経験から濱口は、映画の美学的な要素である画的な構図やフレーミングに細心の注意を払いながらも、「人間」の変身《メタモルフォーシス》の目撃者、身体的映像表現の重要な要素を形成する「声」を見せる装置としてのカメラにも強く関心を寄せるようになったと思われる。その成果は、『なみのおと』から『うたうひと』（二〇一三年）に至る二年間で東北三部作として知られる四本の記録映画にひとつの結実を見せる。同時期に彼は、演技を学ぶ学生たちが舞台を作る過程で、いわば舞台の内と外の両方をカメラに収めながらフィクション映画として成立させた『親密さ』を監督している。このように、濱口映画の魅力の一つは、コインの裏表のようにフィクションとノンフィクションの境界を行き来しつつ、映画形式《フォルム》の美的特質に基づき、それをコントロールしつつ最大限引き出したいとする欲望のようなものと、撮影の現場で展開する演者の身体と演者同士の交流エネルギーから生じる制御不可能な瞬間を引き出したいという好奇心との間で揺れ動く両義的なものが共存する物語叙述の力学にある。

（「『ドライブ・マイ・カー』を斜めから読む」、『「ドライブ・マイ・カー」論』32〜33頁）

「映画監督としての濱口の基本的な姿勢が、いかにカメラを物語に従属させずに、カメラの持つ『光学的無意識』のような不可視のものを可視化する能力を物語映画の枠内で最大限に活かすかということにあり、そのために彼は、シナリオに書かれた言葉と俳優の身体に体内化されたその言葉が、『声』として俳優の身体から生成される瞬間をカメラが記録するという、脚本、俳優、カメラとの分かちがたい関係性を探求しているのではないか」[*4]、そう論じる斉藤の分析は、きわめて説得的に彼の映画演出の特徴を捉えているように思われる。

本文における主体論のヒントになるのは、ここでのコインの片側、濱口の映画におけるノンフィクション的な部分、とりわけ「本読み」で起きている効果についてだ。濱口の映画についてはひとつひとつの作品に対して『「ハッピーアワー」論』や『「ドライブ・マイ・カー」論』などの著書が生まれているように、語りきれないほどの豊饒さがある。彼の映画について短い字数で論述しきることなど不可能であり、いまはその機会ではない。あくまでも本文では彼の映画演出におけるひとつの側面を取り出し、それを土台にしながら全体の問題意識へと接続していくことになる。

濱口の演出における「本読み」とは何か。それは目の前にある脚本に対して抑揚をつけず、あえていかなる感情も込めないままに読むことである。また、役者同士でそれを聞きあうことも試みのうちに含まれる。いわば棒読みのレッスンなのだが、この過程において、役者がどうしても棒読みできないような箇所や台詞が顕われてくるのが興味深い。なぜ難しいのかというと、そこには役者自身が事前に想定し、準備してきた演技が色濃く入ってしまっているからだ。だからこそ、「本読み」を繰り返して、癖のついた箇所をなくしていく。覚えた台詞ではあるけれど、撮影の際にいま初めて言えるように、いわばその場で起きていることに直接的に反応できるように。濱口は「本読み」を通して役者を、いわば台詞が生じるまさにその現在へと対応させるのである。

ここでの「想定」について考えてみると、それは自分から相手を一方的にみてジャッジすることだろう。本読みの際に声に色がついてしまうのは、いま目の前にいる人に対して想定した演技を持ちかけているからだ。過去の再現を持ちかけているとも言える。そしてそれは現前の人を否定していることに等しい。想定に支配された会話。大量の情報と、それに応じた分析、分析に合わせた回答、すべてが計算され、想定されてしまう世界。「バーチャルな主体」とともにある反射的自動会話のようなものを、ここに重ね合わせることは可能ではないだろうか。

濱口の「本読み」は、その継続を通して固定化された習慣を「脱色」し、現在形の在り方へと色付けしていく。ここに現れているのは、言葉を変えれば「デトックス」の方法論なのであり、その必要性である。

「ただそうである」状態を目指すために、張り付いた文脈をいちど取り払い、新たに現在形で世界を認識しなおすということ。想定にまみれた具体性を解消し、生々しい現在を受け止めるための抽象性をセットアップすること。これこそが真に別の時間を生きる＝「バーチャルな主体」に時間性を宿すためのひとつのヒントであると考えられる。濱口の「本読み」は、別の言い方で例えるなら、機械的なまでの「反復」によって、半ば機械的なまでに固定化、習慣化された文脈を解きほぐしている。

濱口の方法論をヒントに、いちど目の前の状況を抽象化してみる。既存のルールや慣習を取り外し、それに引きずられないように意識する。目の前の物事を再度見つめ直していけるような状態、「素地」をつくる。大量の文脈が流れるゲームから撤退し、現在に対応できる構えを身につけること。この方法を通ることで、「バーチャルな主体」でありながら、そこに時間性を宿し、ベケットの希望を部分的に受け取ることが可能となるのではないか。芸術の一回性をより深く享受し、相対化の波を遅らせることができるのではないか。

さて、この後さらなる実践的な思考を進める上では、「本読み」に含まれていた「反復」という要素に注目して議論を掘り下げたい。「バーチャルな主体」を「脱機械化」するためのヒントとしてデトックスや抽象化について触れてきたが、それらのヒントとして、もはや機械的なまでの「反復」があるということ。

次は、この現象に身体の側からも迫る。具体的に、そしてもちろん真剣に考えるならば、「バーチャルな主体」にもたらされるような「反復」とはおそらく享楽的な「筋トレ」に近いのではないか。

［第7章　注釈］

＊1　バーチャルやアクチュアルといった言葉は、印紙法危機から独立宣言に至るアメリカ独立革命期の論争において用いられた「実質的代表」(virtual representation)と、「直接的代表」(actual representation)から発想のヒントを得ている。大森雄太郎『アメリカ革命とジョン・ロック』を参考。

＊2　「『ドライブ・マイ・カー』を斜めから読む」、『「ドライブ・マイ・カー」論』31〜32頁

＊3　『「ドライブ・マイ・カー」論』32頁

＊4　『「ドライブ・マイ・カー」論』34頁

第8章

24 筋トレと自己準拠的な身体

まずは筋トレという行いについての現状把握から始めよう。

筋トレはもはやブームというより、いまを生きる人々の生活の中に定着しきったと言っても良いかもしれない。筋トレ専門のYouTuberは50万人近くのチャンネル登録者数を持ち、筋トレを説いた自己啓発本がベストセラーになる。Googleトレンドで「筋トレ」というキーワード検索をかければ、その人気度が２０１０年代から目に見えて増加していることが示される。フィットネスクラブやジムの利用者数は増加し、素人が気軽に筋トレを始められる環境も整った。

２０１０年代に筋トレを始めた「初心者」たちは、同じ筋トレ人口の中にカウントされながらも、筋トレブームの前から筋肉を大きくすることを目的にトレーニングを続けてきていた人々、たとえばボディビルダーなどとは様々な点で異なっている。明らかな「マッチョ」になる前の初心者たちを区別するために、本稿ではそこまで大きな筋肉を持たない彼らを「トレーニー」と呼ぶ。トレーニーは、2010年代以降の筋トレブームに乗っかって、遊び感覚も交えつつ筋トレに手を出し始めた人々のことである。

筋トレというと、かつては主に男性がするものという見方も強かったかもしれない。端的にいえば、それは筋肉をつけることというのが、欧米圏を中心とした近代的な価値観のもとでは、とりわけ男性において美意識に繋がりやすかったからだ。強さと憧れの表象にすらなり得たことは、ハリウッドスターの身体をみてみてもわかるだろう。一方で、仮に女性がどれだけ筋肉をつけていたとしても、一般的な大衆市場においてはそれ以外の測りのほうが大きく評価されることもある。女性の美意識を形作る際の評価基準も複雑化しているため、それは筋肉だけで測られるようなものでは決してなかった。

それが近年、女性の間でも明らかな筋トレの流行が起きている。それはなぜか。やはりここでも美意識、美容の側面が絡んでいる。様々な媒体で発信されているように、筋トレによって筋肉量を増やすと基礎代謝が上がり、血行が促進されるというのが大きな理由のひとつだろう。身体の血行を良くすれば、冷えや肩こり、眼精疲労が改善されるだけではなく、肌にも酸素や栄養分が行きやすくなるため、美肌や美髪などの効果が期待されている。

ちなみに基礎代謝というのは、人間が生命を維持するために必要なエネルギー消費のことである。人間は何もしなくても基礎代謝分のエネルギーを消費するので、同じように食事をしていても太りやすい人と痩せやすい人がいることなどは、基礎代謝が関係していると言われている。つまり、基礎代謝が高い人は何もしなくても多くのエネルギーを消費するため、痩せやすく太りにくい体質に近づき、そんな基礎代謝を上げるには筋肉量を増やす筋トレが効果的である、というわけである。

いわば科学的なデータが出揃うことで、より筋トレの「健康的な」側面がフィーチャーされた結果、女性を含んだ幅広い層へと筋トレの受容が進んだといえる。健康的な仕方で美を保ちたいのであれば、筋トレもひとつの手段となる。[*1]

では筋トレから何を語り得るというのか。

2019年1月29日に公開された千葉雅也の「権力による身体の支配から脱すること――。哲学者千葉雅也が考える筋トレの意義」[*2]というテクストは、そんなトレーニーや筋トレブームをアイロニカルで懐疑的な立場から見つめたものであった。グローバル資本主義の激化。人々は流動的な世界の中で確実なものを得ようとし、それを原始的に実現してくれるのが筋トレである。権力による身体の支配に対し、自己準拠的な身体を取り戻すことができていない。結局のところ筋トレを通して得られるものは他律的に作られた身体なのだと千葉は論じている。ひらたくいえば、よくわからない不安な世界のなかで、人はなんとか自分を説得してくれるようなものを獲得したい。だがそれが筋肉だという話だけでは単純すぎて権力構造への抵抗にはなり得ないよねということだ。

ここで語られている「筋トレの失敗」について考えてみると、千葉の議論はあくまで流動的な世界での安定を求めるために、筋トレを通して安定を積み立てようとする原始的な行いについての指摘だとわかる。だがここには本文で述べてきた内容とは異なる見方が含まれていることがおわかりだろうか。

本稿における流動的な世界とは、むしろすべてが安定しすぎることで生まれる不安定な世界のイメージに近いのであった。ゆえにバーチャルな主体が生まれ、価値判断の多くが「相対性のブラックホール」に飲み込まれやすくなるのではといった主張を重ねてきた。バーチャルな主体への処方箋としては、逆にいちど「不安定」のプロセスを嚙ませることが効果的になるのではないかと考えていた。

ここからは、千葉の見方とは異なる方向に議論を進めていくことになる。単純で安定したつまらないものとしてではなく、不安定な筋トレの可能性について、改めて考え直してみる。だがその際、ヒントとなるのもまた千葉の哲学なのである。そもそも筋トレについて哲学的な考察を試みる論客などほとんど存在しないといっても良いし、筋トレとともに考えることが可能な「道具立て」も彼の議論には多く含まれているからだ。議論のなかの両義性も見過ごしてはならない。それらを参考にしつつ、新たな側面から筋トレを照射してみたい。

25

本文においては、過剰なまでの「反復」とその「反復」行為の「継続」。これを通して過度に情報化され文脈に根付いた身体からの「抽象化」、「デトックス」が起きるのではないかと考え、筋トレにヒントを探し求めている。

次の段階として、筋トレをその原理的な部分からも徹底的に確認しておきたい。筋トレがどのように行われるかというイメージがつかない読者もいるかもしれない。

まず筋トレとは「反復」によって成り立つものである。ダンベルやバーベルなどの重りを、ある程度決められたフォームにしたがって繰り返し動かす。コナミスポーツなどの多くのフィットネスジムでは、トレーニングの仕方として「まずは10回程度を、インターバルを挟んで2~3セット」行うことが推奨されている。人によっては少なく感じるかもしれないが、たとえば重りを5回上げるのを5セットなど、おのおのの都合で変えていってても良い。とにかく重要なのは、筋肥大を狙うのであれば、重りを1回だけ上げるというのではなく、なんども同じ動きを「反復」しなければならないことである。怪我のリスクもつきまとう筋トレは安全を第一に行うため、筋肉に効かせる正しいフォームを保つ必要がある。過度な重さもまたフォームを乱すため、自分で管理できる重さを選択し、その重さでの運動を「反復」しながら負荷を与えていくというのが基本線になるわけである。この「反復」を、フォームが保てなくなるところの限界ギリギリまで行っていく。

そして、筋トレは「継続」とともに成り立つ。一度の筋トレで筋肉が一気につくことはないからだ。筋肉は、運動、栄養、休養という3つの要素が組み合わさることで成長する。まずトレーニングにより筋繊維の損傷などが起こると、一時的に筋力と体力の低下が導かれる。そこに適切な栄養と休息をとることで、筋肉の回復が促されるわけである。回復にかかるまでの時間は筋繊維の損傷の程度や部位によって異なるが、概ね3日とされている。この回復によって、筋肉は以前のものより強く成長し、筋力の向上や筋肥大へと繋がる。これが「超回復」と呼ばれている現象である。効率よく筋肉を鍛えるためには、必ず回復のためのプロセスを挟む必要があり、従って筋トレとは、トレーニングと回復を繰り返しながら「継続」していく行いということになる。

そんな筋トレであるが、ここで注目したいのは、この行いが次第に過剰な方向へ、享楽的な方向へと開かれていく可能性についてである。千葉雅也が『勉強の哲学』の中で紹介する、言語を介した「ラディカル・ラーニング」を身体論的に解釈し、過剰さや享楽について考えてみたい。

例を出そう。胸の筋肉を鍛える際、基本となるベンチプレスから始めるも、それだけでは飽き足らないトレーニーがいる。最も正しい胸トレメニューとはどのようなものか。ベンチプレスをする意味はあるのか。無論、その正解など定まらないにもかかわらず問いはやまない。もしくは、今の仕方がベストなのだと「決断」しそこに留まるトレーニーもいるかもしれないが、その数は多くないだろう。

したがって、次に見られるプロセスとしては、彼/彼女らはジムで鍛えている他者やトレーナーなどの経験者に筋トレのアプローチをきくことになる。筋トレ YouTuber の動画を見るのでも良い。同じベンチプレスでも、仰向けに横たわっていた台を少し起こし角度をつけることで大胸筋の上部を刺激する（インクライン・ベンチプレス）人もいれば、ベンチに仰向けの姿勢から両腕を真横に開いてそれぞれの手に重りを持ち、腕を伸ばしたまま胸の前まで持ってくる動作を行う（ダンベルフライ）人もいる。しかしながら、筋トレ初心者にとってこのプロセスが行き着くのはメニューの「飽和」である。アプローチ群に目移りしながらも、どこかで「比較を中断」しなければならない。

そこで今度は、自分にあったメニューを「享楽的に」選んでいくことになるだろう。やっていて楽しいから、またはどんどん筋肉がつくから。だがその背景には、遺伝的な資質があることを忘れてはならない。生まれ持った骨格や筋肉の形状、質はそれぞれに異なり、各自の身体に適した筋トレのメニューはどこかで「非意味的」に決定されていくのだ。もちろん、その仕方がベストなものかは判断がつかないため、再度これを疑い始め、新しい筋トレの可能性へと向かう。疑った後にはまた他の経験者にアドバイスを求め、そこから自分のこだわりでメニューを改良していく。そしてまた疑う。ループが生まれる。

するとトレーニーはどうなるか。その果てとしてのボディビルダーの例を考えてみるとわかりやすい。筋肉をとにかく大きくしたいボディビルダーは、一般的な見た目の「丁度良さ」など軽々しく超越していく。かつてかっこいいと思っていたくらいの筋肉量の程度は度外視され、むしろ筋肉がありすぎるアンバランスさの方へと積極的に向かう。たとえば異性にモテたくて筋トレを始めた人がいて、次第に筋トレにのめり込んでしまう。そして、もはやモテたいのかどうかもわからない、筋肉によって元々の目的がどうでもよくなってしまうかのような「無鉄砲な」方向へと骨抜きにされてしまうということがあり得るのではないだろうか。

ここでの過剰さについて、もう少し考えてみたい。千葉が「あなたにギャル男を愛していないとは言わせない—倒錯の強い定義」[*3]の中で論じている内容がヒントになるだろう。

千葉によれば、1990年代の終わりからゼロ年代の始まりにかけて渋谷センター街に現れたギャル男は、日焼けサロンで肌をタンニングし、ロングヘアのハイブリーチ・メッシュを目立たせたギャルへの「生成変化」に巻き込まれていた。ギャルのメイクが導くのは、「男性によって憧れられ—貶められる女性らしさからの分離」であり、ギャル男は一方で彼女たちを保守的な恋愛に組み込むための「釣り」を仕掛けながら、もう一方ではギャルのそのような分離に従って自らの存在の足場を揺るがされてしまう。千葉は、そこに醸し出されるギャル男の「どうでもよさ」に注目している。[*4]

この「どうでもよさ」の次元における存在論的な軽さの誘発は、トレーニーについても言えるのではないか。筋トレの過剰さを通して人々は、ギャル男のような「自己の存在丸ごとの軽量化」を達成してしまう。筋トレに耽溺しているとき、その享楽の過程においては大衆の多くが気にかけないようなところで過剰な「盛り」が爆発している。それはギャル男のエアリーなヘアのようでもある。

反復や継続によって成り立つ筋トレは、次第に享楽に至る過程を獲得し、当初の目的から逸れた「どうでもよさ」の地点にまでたどり着く。

ここでいちど議論を整理してみたい。バーチャルな主体について考えてみると、それがなめらかなデジタル環境の世界の影響を受けているのであれば、「情報が詰まりすぎていて重い、ゆえに軽い」ということになる。濱口竜介的な方法論であれば、この状態をデトックスするのが、徹底的な反復を土台にした「本読み」のプロセスなのであった。すべてが目的通りの演技になってしまうのを避けるために、いちど主体を脱色し、再度演技のなかで現在形の色合いを入れていく。

その入り口はなにも高尚でないことなど明らかでありながら、類似のプロセスが日常的なレベルにおいて偶然に現れてしまっているのが筋トレの例であり、バーチャルな主体の身体性を考えるきっかけになり得るのではないか。筋トレが含む「どうでもよさ」の次元は、「情報が詰まりすぎていて重い、ゆえに軽い」なめらかな身体を脱臼させる。もともとの決まり切った流れやゴールなどからは逸れた方向へと身体を誘う。身体をいちど「デトックス」する。

26

では、デトックスされた筋トレの身体はいかにして新たな状態を獲得するのか。

ここで今度は、トレーニーが持つギャル男との違いに注目したい。なぜ違いが生まれるかというと、筋トレが「断片」に「時間性」を宿す行為でもあるためだ。

まず人体には、大小含めて600を超える筋肉が存在する。たとえば人間が一歩進むとき、それは「歩く」という単純でまとまった動作に見えながら、同時に約200個の別々の筋肉が動かされている事実はほとんど認知されていないだろう。筋肉は、関節や骨格にそれぞれの仕方で結びつきながら、人体の中で「断片」的に存在するのである。筋肉同士が繋がっているような感覚になるだけで、筋肉はあくまで骨と骨の間に存在する。それくらい、筋肉というものはバラバラに存在している。

また、筋トレそれ自体においても、同時にすべての筋肉を鍛えることはできないという「断片」的な見方ができる。胸を中心に鍛えるならば、胸を鍛えるためのメニューを選択する。筋繊維に刺激を与えるくらいの負荷を作り出すには、全力でひとつの部位に集中をすることが望ましい。たとえば全身同時に力を入れたとしても、力が分散してしまって狙い通りの負荷を与えることができない。断片的に存在する筋肉に対して、胸トレ、脚トレ、背中トレのように、可能な限りで断片的にアプローチしていくのが筋トレである。

この「断片」が「時間性」を持つとはどういうことなのか。

筋肉をつけるには、時間がかかる。一度筋トレで筋繊維を破壊してから超回復を待つというプロセスを、何度も何度も繰り返すことで徐々に筋肉の膨らみが増し、盛り上がってくる仕組みについてはすでに述べた。そして、筋肉は消すのにも時間がかかる。激しい有酸素運動や食事制限を行っても、筋肉の他に脂肪が消えていくため、筋肉自体が小さくなるのにもまとまった時間が必要だ。

増えたり減ったり、「よくわからない」状態の断片が身体中に付きまとい、うごめいている。すべてをコントロールすることはできないという実感とともに、生成途中の断片としての筋肉をトレーニーは身にまとう。ここに時間性に揺らぐ身体が見出されるのではないかと考える。

時間性を伴った筋肉は「アンチ・エビデンス」としての性質も獲得しているといえよう。いまや人々の身体でさえデジタルな仕方で分析されていくとはいえ、６００を超える断片である筋肉の、それぞれの状態が細かくデータ化されていくことは今のところはあり得ない。仮にデータ化されたとしても、人間からしてそのような細かい筋肉の動きを認知に落とし込むことができない。全体としての筋肉量がはかられるだけで、常日頃から変化する筋肉が現在どのような状態にあるのか、個別に正確にデジタル「履歴」化されることはないのである。

時間性を持ち、生成途中の断片としての筋肉を身にまとうこと。もしこのイメージを捉えることが難しければ、本書冒頭に掲載してあるファッションから視覚的に確認してほしい（口絵 [Image 1][Image 2] 参照）。これはバルト・ヘスとルーシー・マクレーというアーティストがコンビを組んだ、ルーシーアンドバルトの２００８年のプロジェクト《発芽（Germination）》である。バルト・ヘスは、裸体に様々な物体を身につける作品を数多く残している。つまようじ、シェービングフォーム、ピン、針、土、プラスチックの破片などの「断片」を付与することで、人の身体を変化させていくのだが、《発芽（Germination）》では、その断片として芝生が選ばれている。

男性の身体が断片として身につけているのは、おがくずを詰め物にしたタイツであり、これは時間とともに変化する。それぞれのふくらみの表面は芝生の種子で覆われており、種子が育つと本物の芝生になる。ルーシーアンドバルトは、ゆるやかに生えていく芝生によって、生成と変化の絶え間ない流れを表現している。

筋肉は、履歴にならない「断片」として「時間性」を孕み、一定でなく「たゆたう断片」

となってトレーニーの身体に付着する。これが享楽の過程における身体の「デトックス」**と同時期に**起こっているのが筋トレの正体なのではないだろうか。

反復や継続から次第に享楽に至る過程を獲得し、当初の目的から逸れた「どうでもよさ」の地点にまでたどり着く。身体を鍛えながら得られる「断片」には都度の「時間性」が込められていきもする。たとえば一つの解釈として、筋トレにはこのような見方ができる。

27

バーチャルな主体、その身体性とは何か。ここまでの議論はそれに加えて、ではバーチャルな主体をいかに「アクチュアル」なものにできるかどうかの思索だったと言えよう。

身体について考えるために取り上げたのが筋トレだ。筋トレは徹底的な反復と継続のプロセスを土台に持つ。自己学習が進み享楽化してくると、トレーニーは当初の目的など気にもならなくなったかのような「どうでもよさ」の次元で筋トレを楽しむようになる。同時に筋トレでは、履歴化されない「時間性」をもった「断片」が獲得されていく。ここに、バーチャルな身体がいちど脱臼され、再度アクチュアルなものへと変わっていく契機を読み取る。

濱口竜介の映画においては、「本読み」を土台にした演出がバーチャルな演技を脱臼させ、アクチュアルな演技を生み出していた。これに近いことを、演出の外側で、役者ではない人々が、「本読み」の方法以外で実践している例を求めるならば、それはおそらく筋トレである。*5

もちろん筋トレの現場においては、バーチャルな主体がどうとか、時間性が断片に宿るだとか、難しいことはほとんど何も考えられていないだろう。だが可能性のひとつとして、流動的な世界の中で確実なものを得よう、自己準拠的な身体を得ようとする試みなのだとやはり解釈することができるのではないだろうか。それも無意識的な抵抗として。ただ単純に安定を得ようとするのではない。バーチャルな状況から自身を剝がすような身振りをふまえ、同時に身体を新たな時間とともに再起動させようとするその不安定さにおいて、生の足場を獲得するのである。

こうしてようやく、並走してきたはじめの問いへと戻ることができる。「死にたい」を遅らせることは可能か。

ひとつの方法として、「死にたい」へのカウンターとなるようなメッセージがあるとしよう。だがこれだけでは「相対化のブラックホール」の中に飲み込まれてしまうかもしれない。デジタル環境に順応した「バーチャルな主体」はそれを促進するだろう。だから要点は、いかにして「バーチャルな主体」を「アクチュアルな主体」にできるか、相対化の波を遅らせ、メッセージの一回性を深く享受できるようにするかということに移る。濱口竜介の映画や、筋トレという事象のなかにそのヒントを求めた。バーチャルな主体に手を加えることで、「死にたい」を遅らせることは可能**かもしれない**。ひとまずこれが暫定的な回答である。

［第8章 注釈］

*1 ちなみにだが、なぜ日本では筋トレの大衆的な需要が他の国々より多少後にずれ込むことになったのか。ひとつの背景を考えてみたい。これはおそらく、日本社会がとりわけ記号の消費と強く結びついていたか

らだろう。状況をわかりやすく示すのが、2009年のサントリー飲料水「プロテインウォーター」のCMである。CMの中では、暑苦しい「ゴリマッチョ」とは対照的に、プロテインウォーターを飲む爽やかな「細マッチョ」のイメージがもてはやされる。ここでの「細マッチョ」とは、おそらく当時の日本人以外では誰もが筋肉質だと思わないような見た目であるにもかかわらずだ。「細マッチョ」が持っているのは腹筋しかない。しかしよく見れば腹筋もほとんどない。というのも、腹筋のカラクリとして、これは筋肉量というよりいかに脂肪を減らせているかの方が見え方に関わる上では重要なのである。痩せてさえいれば、腹筋の境目が見えやすくなるため、それで腹筋が割れているようにみえる。実際にかなりの腹筋を持っていても、上に脂肪が少しでも乗るだけでその境目が見えづらくなるため、あたかも腹筋がないように見えてしまう。日本における当時までの大衆的な筋肉の受け止め方とは、腹筋一点突破のような、それも腹筋自体のギミックに支えられた、うすっぺらいものだったのである。ここでの腹筋とは、もはやただの「記号」である。腹筋という記号を貼り付ければ、それが筋肉質な身体だということになった。ここに本当の意味での筋肉は介在していなかった。CMが流れていたゼロ年代の終わり頃には、世界各国では大衆的に筋トレが流行し始めているにもかかわらず、記号消費文化の影響が強かった日本では、その受容は幾らかの後れを取ることになった。そして、2010年代の後半にかけてようやく筋トレが大衆化し、現在にいたる。

＊2 千葉雅也「権力による身体の支配から脱すること――。哲学者千葉雅也が考える筋トレの意義」（朝日新聞DIGITAL、2019年、https://www.asahi.com/and/article/20190123/205054/）

＊3 『意味がない無意味』所収　94頁

＊4 『意味がない無意味』　96頁

＊5 当然ながら、濱口の演出方法は「本読み」だけではない。むしろこれはごくわずかな一部分に過ぎず、あくまで本文の文脈において「本読み」の例をひとつ取り上げ解釈しているに過ぎない。その他の演出に関しては、『カメラの前で演じること』や、『「ハッピーアワー」論』、『「ドライブ・マイ・カー」論』などを参照されたい。彼の映画をみるだけでも、「本読み」だけに還元されない作品の厚みを感じることができるだろう。

――補遺――『呪術廻戦』、『ONE PIECE』の断片的な考察

「死にたい」も自らを助けるための力になり得る。そう考える本文の文脈において重要なのは、「呪いも自分を守るための愛」だと語りそれを体現する乙骨憂太の方なのかもしれないが、ここでは重さと軽さの転倒についての理解を深めるため、五条悟の力を借りたい。彼らは芥見下々の『呪術廻戦』に登場するキャラクターで、人間に危害を及ぼす呪霊を特殊な呪術を使って祓うことを生業にしている。現代最強の呪術師である五条の必殺技とでも呼べるものが彼の領域展開「無量空処」だ。作品を楽しんでいる間は五条悟すごすぎるぜと震えているだけでも良いのかもしれないが、じつはこの「無量空処」の仕組みが本文で記してきたような身体感覚、運動感覚に重なっている。どういうことだろう。

本文では、通常とは異なる言葉のニュアンスで「重さ」や「軽さ」を取り入れながら、「バーチャル」な主体というものを表現してきた。たとえば情報が多すぎるとき、それは量の多さにもかかわらず「軽い」と判断する。これがひとつめの転倒。次に、情報量が多す

ぎて「軽い」とき、こんどは「軽い」にもかかわらず自分で「動きにくい」といった捉え方をしている。ここにふたつめの転倒がある。こういった表現の仕方が理解を難しくしているかもしれないが、こうした転倒を含んだ身体感覚、運動感覚こそ現在的なものであり、「バーチャル」な主体の構造を理解するために避けては通れないと感じている。「情報が多すぎて軽い、だから動けない」といった状況では、主体性は損なわれてしまうのではないか。

そういった状況をまさに体現するのが「無量空処」である。五条が作り上げた領域のなかにいる対象は、知覚や伝達といったあらゆる生命活動に対し、無限回の作業を強制されることになる。対象は無限の情報を流し込まれて、いつまでも情報が完結しないために身動きが取れず、ゆるやかな死に至る。

自らが主体的に関わっていない情報を他者から大量に与えられ続けた結果、地に足をつけられるような重さの感覚が失われてしまう。軽すぎて動くことができなくなる。かつてこういった感覚について文章の形で記した際には、具体的な参照項は少なく、理解されることも難しかった。だが今では「無量空処」を比較することができる。状況がまったく同じというわけではないが、「バーチャル」な主体というのは、効力をいくぶんソフトにした

「無量空処」にかけられているようにも映る。

「アクチュアル」な主体のほうにも触れておこう。単純に議論を裏返せば、自らが得る情報に主体性を取り戻し、重みを感じられるからこそ、自分で動くことができる、というふうに整理できる。本文では筋トレの例を出して生身の身体を扱ったが、身体感覚について考える際にはたとえば漫画やアニメなどもヒントになる。

『ONE PIECE』という作品が生み出すメカニズムを応用してみたい。もちろん、この大作を詳しく語るためにはあまりに字数が足りないため、その機会は未来に譲ろう。ここでは『ONE PIECE』がどのように読まれているか、観られているかという点に注目する。読者の皆さんは、『ONE PIECE』が楽しまれる大きな理由のひとつに「考察」という要素があるのをご存知だろうか。簡単にいえば、作者の尾田栄一郎は各話ごとにさまざまな思考のヒントなるものを散りばめていて、いくつものエピソードが時間を超えて星座のように物語を形作る様子を読者は楽しんでいるのだ。ときに未来の展開を予想しながら読者が勝手に「考察」して楽しむのであって、それがたとえ尾田が用意する展開と実際に「一致」せずとも満足できるような豊饒さが『ONE PIECE』にはある。絵の表象だけではなく、言葉や数字の語呂で遊んでみたり、世界各国の歴史や神話のモチーフを取り入れてみたり、作者はいまある現実世界を情報としていちど「断片化」し、大量に物語のなかに注ぎ込んでいる。もはやひとりの人間では全てを制御するのは不可能だと思われるくらいに、『ONE PIECE』という作品はある意味で自立し、ネットワークを内側に抱え込んでいる。

いち読者の、いち鑑賞者の目線に立つと、『ONE PIECE』を楽しむ際にはそれぞれの仕方でまずはこの「断片」を抱え込むことになる。それがどのような星座を形作っていくのかは十人十色だ。本作は1997年の連載開始から25年以上が経過しているが、いまだに序盤のエピソードから最新のエピソードまでが有機的に絡まり合っていて、他の作品の追随を許さない時間のスケールというものを感じさせる。ひとつの読みはすぐさま他の解釈の渦に飲み込まれ、解釈の過剰なまでの反復のなかでその価値を脱臼されるわけだが、それを可能にしているのも時間をかけた作品の規模に他ならない。解釈のどれもが正解ではない「かのような」作りを持つ作品世界のなかで、ある意味開き直った自らの読みへと立ち返る。『ONE PIECE』はこのような姿勢を誘う。

『ONE PIECE』とは、たとえていうなら「ぬか漬け」的なコンテンツである。物語という環境が変わっていくなかで、いつのまにか断片の持つ意味合いも変わっている。断片が時間性を伴うことで豊かな味わいを演出する。掲示板にせよ、YouTubeにせよ、インターネットで「考察」同士が交流し、物語に多様な解読を入れ込み続けている現在の状況をふまえると、ネット環境をぬか床のようにうまく利用する『ONE PIECE』の現代的な価値が理解できるだろう。『ONE PIECE』という作品が鑑賞者にもたらす体験は、主体的に結びあわせる物語の断片がたゆたう時間性を持つという点において、「アクチュアル」なものなのである。画一的な読み方に流されるのではなく、つねに新しい読みに出会い開拓できるワクワク感のなかで断片と戯れ、時を過ごすことができる。

第３部

幽霊的「死にたい」論

第9章　郵便的不安の重なり

28

当然といえば当然なのかもしれないが、いまだどうしても抱えてしまう問題は、「死にたい」と思うことそれ自体だ。絶望に向かう矢印をうまく折り返したり、再度絶望に向かうのを「遅らせる」ような抵抗について、これまで考えてきた。

そして、本章で考えたいのはとりわけ「なんだかわからないが死にたくなる」とでも形容できるかのような「死にたい」についてである。このふわふわした「死にたい」はじつは様々な自殺エッセイ本でも見受けられるし、読者の中にもなんとなく似た体験を持つ人はいるかもしれない。ふとした瞬間に「死にたい」がやってくる。とりわけ辛いことがあったとかではなく、はっきりした原因はわからない。だが「死にたい」と思う。

この「死にたい」については、やはりそれが漠然としたものだからか、正面から考えられる機会が多いようには思えない。ここであえて触れなくても良いのかもしれない。だがおそらくこのふわふわとしたわけのわからない「死にたい」こそ、最も現代的な「死にたい」の問題なのかもしれない。ならば可能な限りでこの「なんだかわからないが死にたくなる」について考えてみる必要があるだろう。

まず初めに、この「死にたい」を区別するため別の呼び方をつける。幽霊的「死にたい」などはどうか。なぜ「幽霊的」という言葉を当てはめるのか。それは目の前に見えるようでありながら同時に見えないものでもあるとでもいった両義性をふまえるためである。「なんだかわからないが死にたい」という状態は自分のなかから出てくる。そこにないようにも思えるが、実感だけはある。このような事態を捉えるため、「幽霊的」という言葉を「死にたい」にくっつける。

理由が辿れる「死にたい」と、なんだかわからないけどやってくる幽霊的「死にたい」の「重ね合わせ」が作り出す状態。それこそが現代の「死にたい」なのではないか。であるならば、本来なら見えないものとして放っておかれがちな幽霊の正体についても無視するわけにはいかないのである。

そして、改めて幽霊的「死にたい」を考える上での足場としたいのが、「バーチャルな主体」である。「バーチャルな主体」とはどのような生活とともにあるのか、先ほどはデジタル環境という短い言葉でまとめてしまったが、より具体的に考え直してみよう。

ミシェル・フーコーが1970年代に提案した「生権力」という言葉がある。それは簡単に言えば、人間を数として、家畜のように管理する権力のことだ。生権力は、みながスマホを持ち歩きビッグデータが日々蓄積される21世紀においては、かつてとは比べようもないほどに肥大化した。いまや人々は、年齢、性別、資産状況から趣味嗜好まで、あらゆるプロフィールが分析され、生のすべてが統計的な予測の対象となってしまうようなアルゴリズムの時代に生きている。自分の欲望や能力にはそれほど固有のものなどなく、世界は自分と似た人たちで満ちていて、そこで成功するか失敗するかは結局運次第といったような、とても過酷な現実が毎日のように突きつけられる。「自分は群れの一尾であって、そこに運命などない」と自然に感じてしまうような状況が存在する。

SF作家の樋口恭介が『すべて名もなき未来』のなかで示唆している状況も重要なヒントになるはずだ。樋口は、情報技術の発達と普及によって、現代に生きる私たちが常時ネットワークに接続され、「ソーシャルグラフを構成する一個の—文字通りの—ノード」として見なされるようになったと指摘する。

私は本業であるコンサルティングの仕事の一環で、SNSの投稿内容を分析することがあるが、そのとき私が分析するのは人間ではなく、端的なノードである。ノードはプロフィールや位置情報や投稿内容の傾向に基づいてカテゴリ別に仕分けされる。ノードの中には人間らしい感情の機微が細かに表現された投稿を行う「本物の人間」がいる一方で、特定のメッセージや広告情報を機械的に出力することに特化したbotなどの「偽物の人間」がおり、また、「本物の人間」に運用されているにも関わらず「偽物の人間」のような反応を示す半bot、あるいは、人間らしさを構成するある種の複雑性を排し、単一の目的に即した単一の言動を反復することを特徴に持つ、裏アカウントや捨てアカウントもいる。裏アカウントや捨てアカウントといったノードたちは、営利目的や非営利目的、政治・信条の表明やプロパガンダなど、様々な目的で運用されているが、それらは目的に資する以外の投稿を行うことはない。それは一般的に言って機械のようにも見え、人間らしくは見えないが、それらのノードは自分たちが人間らしく見えるかに拘らない。そこには反復可能な運動だけがあり、反復的な運動だけがあればよい。それらのノードはそう考えている。SNSのデータ分析をしていると、そうしたノードに必ず出くわす。そうしたノードは無数に存在している。要するに、ソーシャル・フィード上には、本物の人間であるノードと偽物の人間であるノード、本物か偽物か、生物か無生物かわからない、正体不明のノードたちが蠢いているのだ。

そして、それら有象無象のノードたちは、クラウド上のデータベース／データウェアハウスの中では純粋に定量的なデータとして扱われる。それらのデータは機械的なアルゴリズムによって整形される。分割され再結合され集計され可視化される。ノードが人間か否かに関わらず、投稿内容は仕分けされ分析され定量的に評価され、統計的に、ある一定の集合的な傾向として見なされる。そこではノードの表現する感情が本物であるかどうかは関係がない。出力されたテキストが、感情的に生み出されたものか否かは別にして、そこには感情があるものとされ、事実上、それは生きたテキストとして扱われる。たとえそれが、無感情な機械によって自動的に生成されたテキス

――トだったとしても。

(『すべて名もなき未来』19〜20頁)

樋口が実体験の中で具体的に観察するノードの存在は、まさに人間の「バーチャルな主体」の特徴にも重なるものである。もはやノードが生きた人間のように扱われるデジタル環境があり、一方の生きた人間は逆にノードのように扱われることにも慣れてしまう。ノードについての認識を含めることで、デジタル環境における「バーチャルな主体」のあり方がより具体的に見えてくるのではないか。

29

こうした状況のなかで、人はサウナに入ったり、SNSに加工したショート動画を流したりしながら「バーチャルな主体」を癒やしているわけである。自らを溶かしているかのような感覚と「バーチャルな主体」が親和性を持つことに関しては、先の議論から理解もしやすいだろう。それでも、どんなに「癒やし」で現状を先送りにしていたとしても、毛並みを整えるようなその弱い気晴らしの効果は薄れていき、ある時こう思う。なんか死にたいな、死んで楽になりたいな。個別具体的な理由があるわけではない。だがたしかに

「死にたい」と思う。それを許している感覚とはなんなのだろう。

批評家の東浩紀は、『観光客の哲学』の補遺、最終第10章のなかで、不完全な認識が生み出す実存的で存在的な不安とはべつに、現実そのものの確率的な性格が生み出す数学的で郵便的な不安があるのではないかと示唆している。

郵便的な不安について考えるために、蓋然性が生み出す不安と確率が生み出す不安を区別するところから始めよう。自分が死ぬことはすでに決まっているが、それがいつのことかはわからない。東によればこれは蓋然性（主観的な心理）が生み出す不安である。他方で、ある状況において統計的に何人か犠牲者が出ることは決まっているが、自分が死ぬか死なないか、隣の人が死ぬか死なないかはまだ決まっていないという事態が生み出す不安もある。こちらは確率（客観的な現実）が生み出す不安となる。

東は、ナチスが行ったホロコーストにおけるユダヤ人と、ソ連のスターリニズム下で逮捕された囚人という、ともに正当な理由もなく自由を奪われ殺された人々を例にして、両者を説明する。

たとえばホロコーストにおいては、ユダヤ人は殺されることも殺される理由も決まっていた。単純にユダヤ人だからというひどい理由だ。だが彼らは、その死というものがいつどのようにしてもたらされるかまではわからなかった。彼らの不安が生じている原因は、死が運命として決まっているにもかかわらず、いつ訪れるのかがわからないことにある。これが主観的なプロバビリティによる不安、蓋然性の不安だと整理されている。

一方で、スターリニズム下における囚人はというと、殺されること自体が決まっていない。殺されるかどうかも殺される理由もわからない。それはソルジェニーツィンが『収容所群島』で記した、ソ連の収容所システムの極めて「いいかげん」な様にも重ねられる。ここでの不安はユダヤ人の不安とは質的に異なり、死というものは運命ではない。彼らの不安の原因は、むしろそういった運命の欠如や、偶然性のなかにある。こちらが客観的なプロバビリティ、いわば確率が生み出す不安である。

実存の不安と数の不安。言い換えれば、蓋然性の不安と確率の不安。ハイデガーの存在論に対比させる形でデリダから「郵便的」というキーワードを取り出した東は、実存や蓋然性にまつわる「存在論的不安」に対して、数や確率から生まれる後者を「郵便的不安」と呼んでいる。「不完全な認識が生み出す実存的で存在論的な不安とはべつに、現実そのものの確率的な性格が生み出す数学的で郵便的な不安があるのではないか」[*1]。

東は、郵便的な不安を現代の自殺と結びつけて論じてはいない。しかし、ここで言われている郵便的不安を自殺の文脈に沿う形で解釈するならば、郵便的不安こそ、なぜ幽霊的「死にたい」が止まらないのかを考える上での重要な鍵になるかもしれない。

「バーチャルな主体」を持つ人々は、数学的で統計的な影響を及ぼされている。また、世の中で自殺が統計的に起こり、これだけ自殺している人がいるなら自分もいつか死ぬかもしれないなどと思って「死にたい」ときには、そこに根本的な理由はない。もはやひとりひとりの死から固有性は剝奪され、自分の死も誰かの死もすべてサンプルのひとつとして処理されるに過ぎない。東の「郵便的不安は、ぼくの死とあなたの死を、あるいはぼくの生とあなたの生を、ともに交換可能なサンプルとして扱う、その数の暴力に日常的にさらされることで生まれる不安である」[*2]という言説なども、現在の幽霊的「死にたい」をもたらす不安の正体へと触れているようにも読むことができるのではないか。

おそらく幽霊的「死にたい」とは、郵便的不安なのである。

混乱を避けるために補足しておくならば、郵便的不安とはあくまでも「郵便」の例自体に呼応する、より対象を広く持った感覚であることも忘れてはならない。たとえば自分のところに届いた情報（手紙）がどこから発せられたのか、配達の途中でどのように歪められたのか、自分の投函した情報がどこに届くのかといったことに意識的になる中でも不安は生まれる。社会全体を見渡せるような特権的な視点が機能しづらくなった日本社会では、文化消費などの文脈でも郵便的不安は語ることができるだろう。この雑誌は誰に届いているのか、誰に向けて発せられているのかといった思いに駆られるなら、それは郵便的不安である。現実そのものの確率的な性格が生み出す不安というのも、「郵便」の特徴である。

ゆえに正しくは、幽霊的「死にたい」とは、郵便的不安の一種である。

統計的に何人か犠牲者が出ることは決まっているが、自分が死ぬか死なないかはまだ決まっていないという事態が生み出す確率的な不安がある。自殺する必要などない。死ぬこと自体も決まっていない。でもよくわからないけれど誰かが自殺していくのだから、自分もきっと死ぬのかもしれないといった不安の方へと流されてしまう。バーチャルな主体のあり方もそれを後押しする。

死の「郵便」が届いてしまう可能性について感知するところから「死にたい」が生まれるわけだが、もはやそれは自殺に対して開き直ることと言ってもいいのかもしれない。バーチャルな主体が環境に過剰に適応するがゆえの「理由はなくとも、自分は死ぬのかもしれないな」といった冷めた感覚。それこそが、なんだかわからないけど死にたくなる幽霊的「死にたい」の正体なのではないだろうか。

30

さらに範囲を広げて、第1部における安心欲求の議論もここへ合流させてみよう。人が「死にたい」を抱えてしまった場合にどうすれば良いのかといったことも考えてみたい。

まず、おのおのの人生やトラウマなどから存在論的不安による「死にたい」がもたらさ

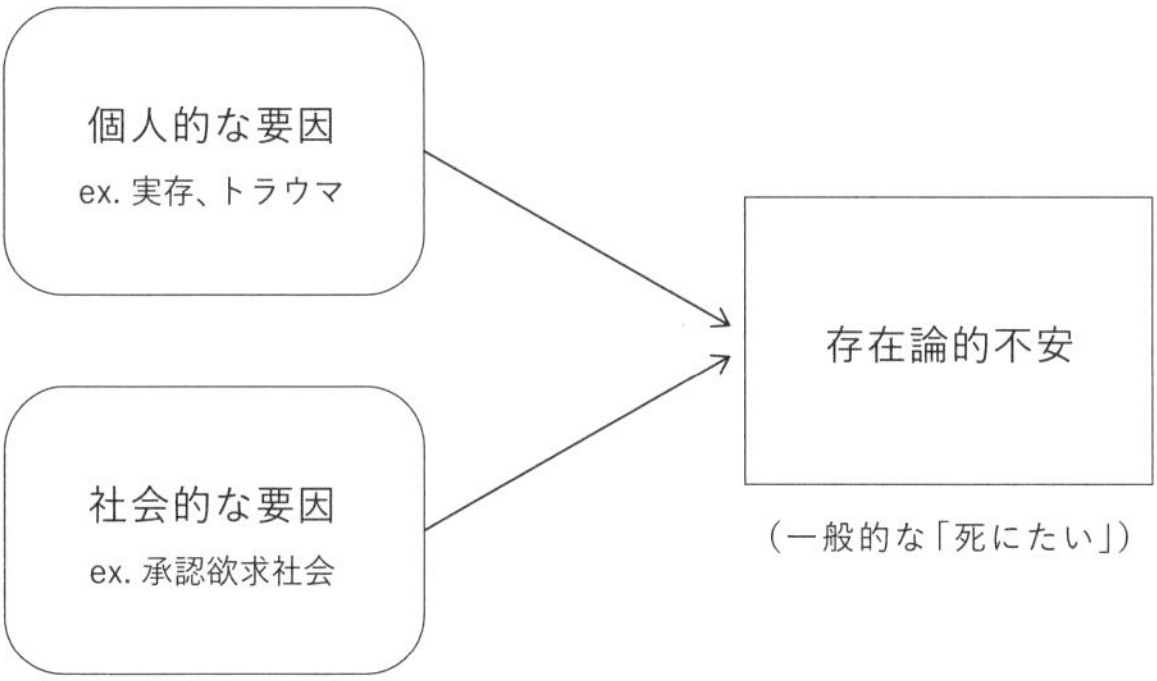

［図 7］一般的な「死にたい」へ至る要因とプロセス（筆者作成）

れたとする。これには既存のアプローチも有効であり、当然精神科医に診てもらうことも解決への近道かもしれない。またはベケットのような芸術から感じるものを得てもよい。自殺についての個々の物語も書かれており、どこかでも共感できるような関連本があればそれも一時的な気休めになるかもしれない。

「死にたい」への一般的な応答としては以上のようになるが、本文では個人の状況だけに還元できない社会的な影響があるのではないかと考え、そこにアテンション・エコノミーとその裏側にある安心欲求の議論をつなげてきた。そして、ひとまず安心欲求の阻害から生まれる「死にたい」もまた、存在論的不安に分類されると考えられる（図７）。

だがしかし、複雑な議論にはなるが、この「死にたい」への社会的要因というのは存在論的不安の一部分になり得ると同時に、フェーズを分けて、なんだか死にたくなるという郵便的不安にも関与しているのではないだろうか。

実存の悩みからも生まれる存在論的不安とは異なり、数学的で郵便的な不安は自分の外側、環境から発生する。この環境とは、社会であるとも言える。ただし、安心欲求の不足から**直接的**に幽霊的「死にたい」自体が生まれているの**ではない**。関係はするものの、安心欲求の不足が理由でなくとも、幽霊的「死にたい」は生まれる。ここが肝心の点である。どういうことか。

まず「理由があるわけではないがなんとなく死にたいな」と思わせるひとつの前提として、「人は自殺するものだからいずれ自分もそうなるのかもしれない」という社会の印象があるのではと考えてみた。なぜストレートにそう思ってしまうのかというと、強大な生権力やアルゴリズム化されたデジタル環境のもとで、「バーチャルな主体」を持ちながら生活しているからだ。この「人は自殺するものだからいずれ自分もそうなるのかもしれない」

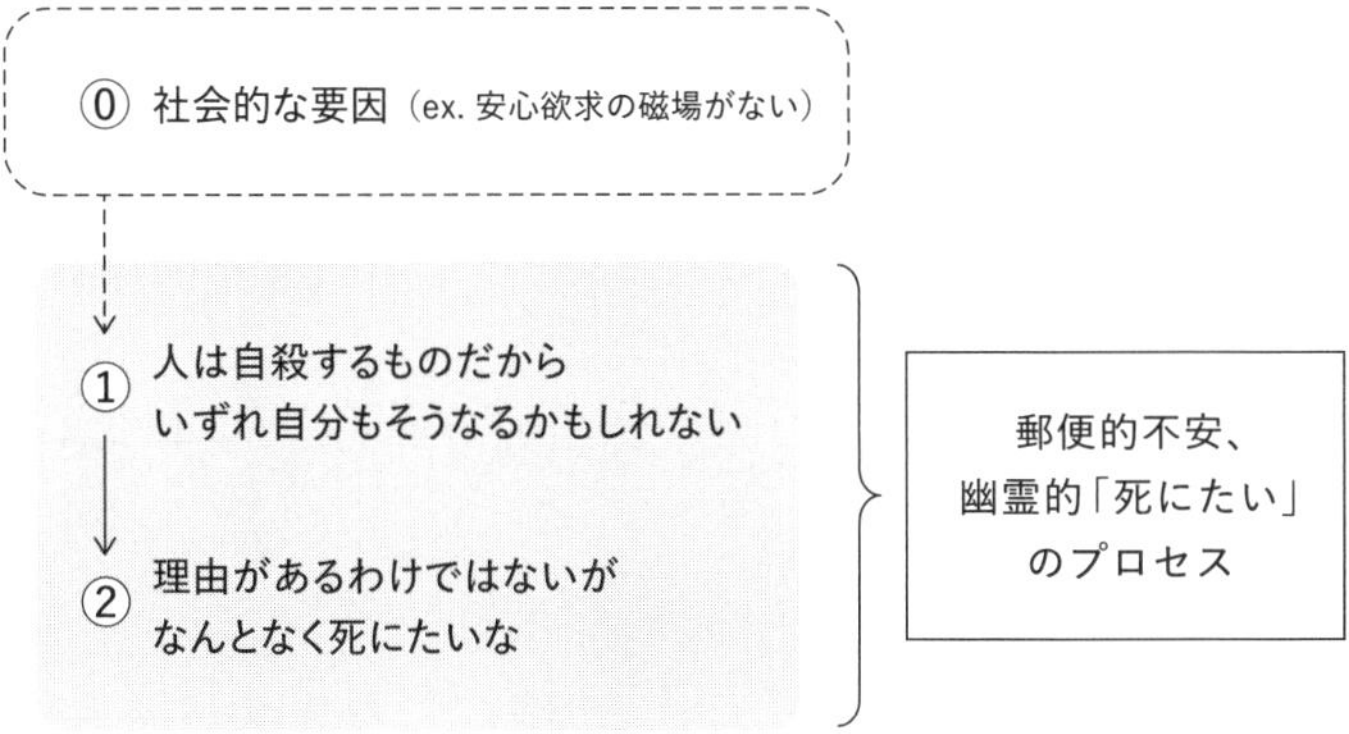

［図8］郵便的不安、幽霊的「死にたい」へ至る要因とプロセス（筆者作成）

というのは数や統計の力にさらされた郵便的不安の一例である。

ここではまず①「人は自殺するものだからいずれ自分もそうなるのかもしれない」、ゆえに②「理由があるわけではないがなんとなく死にたいな」と思うようなひとつの流れが想定されている。だがこれだけでは郵便的不安を理解したことにはならない。より構造的な認識を可能とするためには、なぜ社会において人は自殺するのか、という社会的な要因を仮の仕方でもひとつは設定しなければならないのだ。

つまり、⓪社会においてたとえば「安心欲求の磁場がない」から、①「人は自殺するものだからいずれ自分もそうなるのかもしれない」という環境が生まれ、ゆえに②「理由があるわけではないがなんとなく死にたいな」と思う。この過程こそが真に状況を捉えるために見過ごせない論理なのではないだろうか（図8）。そして、はじめのパート、社会において「安心欲求の磁場がない」の部分は、説得的な理由があるのであれば様々な要因を当てはめられるわけだが、**郵便的不安を抱えている人からは見えていない。見えているのは①から②への流れのみ**である。

そういった状況のなかで、現代の「死にたい」をもたらす郵便的不安を捉えるには、①と②をもたらす前提となるような、⓪社会的な理解が要求されるというわけだ。

このような仕方で、安心欲求の議論は存在論的不安と郵便的不安のその両者に関わることとなるのである。

希望の方へと何度折り返したとしても、絶望へ向かい続けてしまう。それは自分にとっての実存的な困難をひとまず解決、落ち着かせたからといって止むものではない。人生のなかで何度かやってくるかもしれない存在論的不安を定期的に、持続的にはねのけたとしても、それとはまた別の動力で幽霊的「死にたい」がやってくる。

たとえ安心欲求へのアプローチで目の前の存在論的不安からくる「死にたい」を解消したとしても、郵便的不安からくる幽霊的「死にたい」は、現状においては常に寄り添ってくる。

郵便的不安と幽霊的「死にたい」を前にして、人はどのように応じるべきか。これが「死にたい」からいま考えられる、難しくも切実な問いなのではないだろうか。

31

前提として、郵便的不安もまた、自殺の文脈においてその様相が極めて見つかりづらい状況になっている。その原因となっているのは、ここでも語り方の構造である。自殺の論じ方、語り方についてまず触れておきたい。そもそも、安心欲求の議論などを土台にして社会的要因から自殺を語ろうとすること自体が、避けられる傾向にあるのは確かだ。そこから目を背けることで、さらにもう一段階先にある郵便的不安のような、社会と結びつけられた議論ができなくなっているというのは当たり前の帰結である。

これまでの自殺にまつわる議論においては、おのおののエピソードや人生を個別に扱うことを重視し、癒やしを求める際にも同様の立場にいる他者のエピソードへ共感を見つけていくしかないような状況があった。カウンセリングの様子を描いたり、自殺に悩む日記の形になっている本も多い。もちろん、共感を仮の形でも良いから作り出すことの意味もまた存在するわけだが、しかしこれは偶然に頼っている部分が大きいとも言えるのではないか。「あるある」に共感しながら自分自身の悩みを整理していくといっても、それが自分自身の感情に本当に重なっているのかはわからない。個々のエピソードを大切にすると掲げながらも、たとえば出版物の場合では、逆説的に他人の物語を押し付けてしまうことにもなってしまうかもしれない。

だからこそ、「死にたい」人が主観的にその実存を書き綴るだけではなく、想像力ある書き手が誰かの実存を再現するだけではなく、個人の物語から距離を取りながら分析をすることにも重要性が生まれてくるはずだ。社会も視野に入れた上で「死にたい」の要因を考えてみなければならない。前述したように、社会について考えることなくしては、郵便的不安からくる幽霊的「死にたい」を認識することすらできないのだから。

フランスの社会学者であるエミール・デュルケームも『自殺論』のなかで、それぞれの社会には固有の特徴があり、それが一定の数の自殺を引き起こしていることを述べている。自殺という事象に対して、心理、精神障害、遺伝などの個人内要因だけではなく、社会という個人外の要因に焦点を当てることの重要性を統計的データに基づいて指摘した。「死にたい」の要因として社会を探るというのは、近代自殺学の王道の手段とも言えるだろう。

もちろん、「死にたい」は極めてデリケートに扱わなければならないのであって、だからこそ社会的な要因だけで囲ってしまってはならない。時間をかけて、ゆっくりと入念に個々の存在論的不安へアプローチしなければならないというのも理解できる。しかし現在では、個々の物語のみが求められすぎて、無理に他者へ寄せてまでそれを提供しようとする、さらにはそれで解決したつもりになっても実際には解決していかない、といった状況すらも考えられる。まわりの環境も主体の様相も常に変化していくのだから、共感が重ならない瞬間も訪れる。

「死にたい」には、個人の実存だけが理由で生まれるわけではないケースが存在する。それはまず社会的要因を土台とした、存在論的不安からくる「死にたい」である。本文でいえば、アテンション・エコノミーのなかで安心欲求がうまくもたらされないことからくる「死にたい」がそれに当たる。

加えて、社会的要因を土台とした、郵便的不安からくる幽霊的「死にたい」もまた発見される。死にたくなる社会がある、だからなんだか死にたくなる。なんだか死にたくなるためには、前段階として死にたくなる環境自体の認知が必要となる。

このように、現在形の複雑な「死にたい」の様相を捉えるためには、もはや社会についての分析は欠かせないものである。現代の「死にたい」は、理由が辿れる「死にたい」と、なんだかわからないけどやってくるふわふわとした幽霊的「死にたい」の「重ね合わせ」で構成される。これまでとは異なる自殺の語り方、個人と社会を架橋するハイブリッドな語り口が今後は求められるのではないか。

32

郵便的不安から生まれる幽霊的「死にたい」を前にしたとき、果たしてどのように応じるべきなのか。この問いへと戻ろう。

結論としては、まず第一にそれが発生するメカニズムを理解すること。なんとなくただ死にたくなるには、まずその前提としての自殺が当たり前のようになっている社会があり、さらにその前提には自殺の多い社会へと追い込んでいる原因があるということ。

次に、その原因に対してまずは自分自身が対処すること。安心欲求がうまく回らないことが原因なのであれば、ひとまず安心欲求を充足させるアプローチを講じてみて、様子を見る。社会に「死にたい」をもたらしている構造に対して、予防接種のように処理を済ませる。少なくともやることはやったと、自らを肯定する。もう自分は、人が確率的に自殺してしまうかのような世界のルールの中で生きてはいない。社会のなかで自殺が起きる道筋から、いまの自分は外れているのだと認識する。自動的に「死にたい」と思うような場所から、距離を保つことができていると実感する。

もちろん、安心欲求の部分に当てはまる社会的な議論は原理的には他にも存在するだろうから、これですべてが無事というわけではない。そのための保険として、「バーチャルな主体」をアクチュアルに再起動させることができないか試みるのも良いかもしれない。統計的な支配からうまく距離を保てるような姿勢を作る。大量の情報に無意識的に流されないような足場を持つ。自らの生きている時間そのものを現在形として感じられるように。とにかく試し続けられることがあるなら、多ければ多いほど良いだろう。

以上に加えて、存在論的不安から生まれる「死にたい」に適宜対応していけばよい。自分自身の物語を癒やすことができる、他者の物語があればそれでも良い。相談可能と判断ができれば、医者やカウンセラーに相談することももちろん推奨される。個人のデリケートなトラウマに対処する際にも、すでにある助けへと頼ろう。

個人から生まれる個人的な「死にたい」、社会から生まれる個人的な「死にたい」、社会から生まれる社会的な「死にたい」。それらすべての「死にたい」にうまく対応していくことこそ、最も重要なことである（図9）。

社会から生まれる社会的な「死にたい」、つまり郵便的不安から生まれる幽霊的「死にた

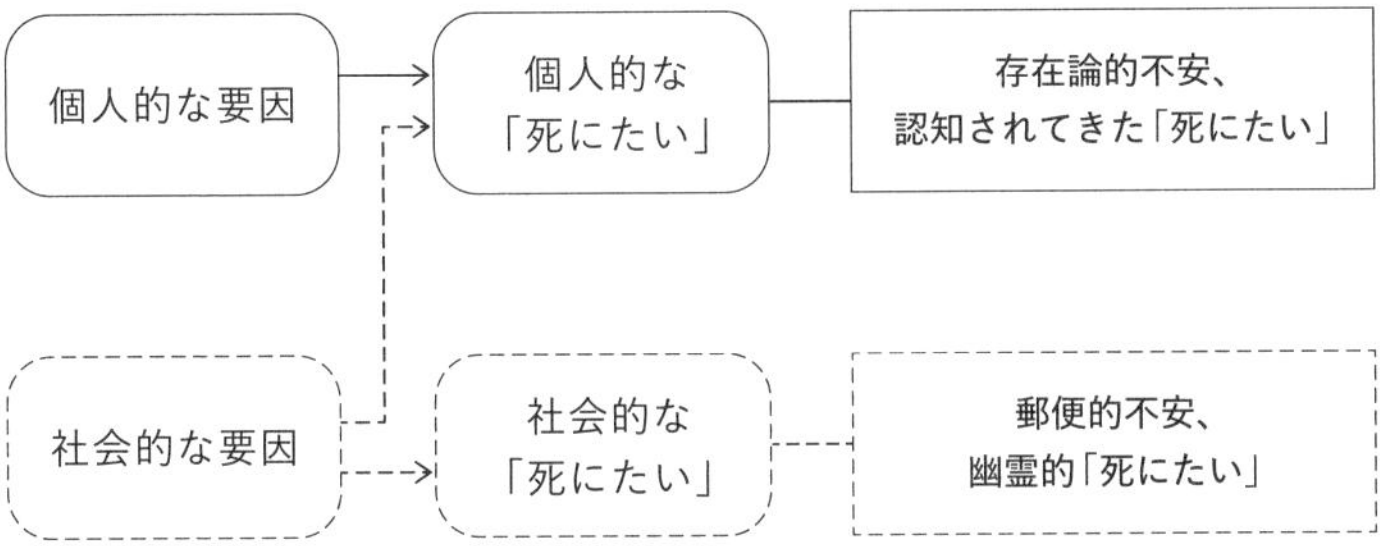

［図9］現代の「死にたい」へ至る要因とプロセス（筆者作成）

い」について、この章ではとりわけ言及してきた。しかしその正体に至るには、社会から生まれる個人的な「死にたい」についても考える必要があった。なぜかといえば、その社会から生まれる個人的な「死にたい」の集合こそが、確率的、統計的に「死にたい」をもたらすかのような社会の印象を形作っているからだ。それが見えてこない限り、郵便的不安の議論を整理することも、幽霊的「死にたい」を乗り越えていくことも難しい。

社会から生まれる個人的な「死にたい」の回路、そのために批評が要請される。基盤となるひとつの切実な物語として用意されたのが、本文の第1部にある安心欲求論となる。

「死にたい」から生まれるいくつかの問いを立て、

時間をかけて答えてきたいま、再び視点をマクロなものへと引き戻そう。「死にたい」の問題系を通過し、今度はその上で世界を広く見つめ直してみる。双眼鏡の目盛りを変化させるなら、そこにどのような風景が現れてくるのだろうか。

［第9章　注釈］

＊1　『観光客の哲学』399頁

＊2　『観光客の哲学』402頁

第10章　2010年代の躁鬱

33

2010年代とはどのような時代だったのか。SNSが浸透した社会があり、一方ではアルゴリズムの影響を受けた、好きなものだけしか見なくて済むような情報の孤立（フィルターバブル）がある。ポリティカルコレクトネスの隆盛もあった。自己啓発ブームもあった。ひとつなぎにまとめて論じても良いし、個別に注目しても良いのだが、たとえばこれらの事柄を、人々はおおいに語った。

大衆文化に関していえば、作品はもはやその中身を吟味されずとも経済的な指標から価値を獲得してしまうようになったため、扱われる題材もよりわかりやすいものへ、大衆に受け入れられ、SNSで拡散してもらえるような表現へと縮こまってしまうものが増えたようにもみえる。一方で、好きなもの擁護にいそしむ人々の裏側で、この状況にシラけたある種生真面目な人々は、表現の深みがないとかくだらないとか言いながら、語るのをやめた。というかそれらの人々はより選択的に語るべき作品を押し出すようになったぶん、2010年代に目立っている文化をその軽薄さを理由に無視するようにもなっていった。好きなもの擁護をされているからいいじゃないかと。

こうして2010年代の大衆文化は、語られることの難しさを常に背負うことになる。一方にはSNSなどで伝わりやすい形を目指して、カジュアルな好きなもの語りをする人々。もう一方には、そんな状況に興が冷め、表面的な理解だけを済ませてより高度で深淵な作品を探し求める人々。この両者は、目の前に現れる事象に対して、深く垂直方向に潜るような解釈をせずに、広く水平方向に価値を見つけようとしていく点で共通している。シラケる人々に関してはどこかで深淵な作品に出会うのかもしれないが、「おおいに語られているから」という軽薄な理由をもとに、目の前の作品への「見て見ぬ振り」が起きていることには変わりはない。

簡潔にまとめてしまえば2種類の人々の分断のはざまにおいて、2010年代の大衆文化はあまり「語られてこなかった」。他の年代と比べても年代論が圧倒的に少ないことはそれを示唆しているだろうし、誰もが好きなものを好きなように言及できるという環境のなかで、時代を通じた精神性を見つけ出すことへのさらなる困難が生じた。もはや発見の可能性を放棄した上で、おのおのが興味のある事象についてだけ語れば良い、そういった状況はときに攻撃的になってでも好きなもの擁護をするファンと、シラけた批評家の両方から差し出される。量だけあって質を伴わない言説、質はあっても量の説得性を持ち得ない言説、両者が入り混じるなかで時代の特徴を抽出することはたいへんに難しい。

こうして2010年代は、他の年代と比べても具体的な輪郭を持ち得ず、輪郭を持ち得たとしてもその具体性をかなり縮減した上で、起きた事象のみが淡白に語られていくような事態を背負ってしまった。現れるのは文学的な語りではなく、ウィキペディア的な語りでしかない。ただ目の前にある情報の整理を行っただけのジャーナリズム的言説が批評であるかのように強調されてしまうのは、皮肉なことである。

うまく語ることができない。そんな2010年代論の難しさが存在する。

34

ただし、現在の地点から振り返ってみるならば、２０１０年代に対してある種の一貫した見方を与えるような状況すらも起こっているのではないか。それはもちろん、２０２０年代の初期を直撃した新型コロナウイルス感染症（COVID-19）である。コロナ禍が明らかにしたのは、人間の、できるという思い込みからの挫折だ。人間を信じすぎていたからこそ、思い通りにはならない圧倒的な事態を前にして、人々はうろたえ続けた。

第一になぜコロナ禍の初期にいくらか楽観的に構えていることもできたかというと、それまでに人々をサポートするような言説があったからである。たとえば人工知能やビッグデータの活用によって感染拡大を阻止する方法がさまざまに提案され、真剣に検討されていた。東浩紀は『訂正可能性の哲学』のなかで、コロナ禍において「情報技術への過剰な期待」とそれを裏切るような一連の事態があったことに改めて注目している。*1

２０２０年の４月には、携帯電話の近距離無線通信機能を用いた濃厚接触の検出追跡機能を、アップルとグーグルの二大テック企業が共同で発表した。触れ込みとしては、だれとだれがいつ接触し、ウイルスを交換した可能性があるのか、携帯電話の無線通信を利用して記録することで、感染経路の特定並びに濃厚接触者の隔離が容易になるとのことだった。現在これを思い出せる人はどれくらいいるのだろうか。実際にこの構想は動き出し、2020年の夏には、新技術を用いた接触確認アプリの配布が始まる。アプリは日本でも配布されたため、大々的な宣伝もされたのだが、結果からしてこの構想はうまくいかなかった。理由は様々に考えられるが、濃厚接触の可能性を正確に記録することの技術的な困難がわかったということに加え、なによりも多くの人々はアプリのダウンロードさえ行わなかったのだ。日本ではアプリそのものが最初の数ヶ月を除いてまともに動作しておらず、アプリが動かないことが2021年のはじめに公表されると、急速にその存在が忘れ去られていったという。

情報技術への過剰な期待を裏切るような事例はこれだけにとどまらず、相次いでいる。感染者数の増減がシミュレーションを裏切り続けたこと。繁華街における人流抑制をアピールするメディア報道も、結局は携帯電話の粗雑な位置情報しか頼りのデータにしていなかったこと。そんなこともあったなと、コロナ禍の印象として残っていないだろうか。結局のところ、いくら人工知能がワクチン開発の時間短縮に大きな役割を果たしたとはいえ、いくら情報技術がズームやウーバーイーツなどを通して生活水準の維持に貢献したとはいえ、技術が自分たちを助けてくれるという期待が裏切られ続けたことは事実なのである。裏切られた人々は、マスク、手洗い、外出自粛の徹底という伝統的な感染症対策に大きな信用を置くこととなった。

こうした状況を振り返ったとき、情報技術への過剰な期待が生まれた背景としての２０１０年代に東は注目する。２０１０年代とは、情報技術の夢が大きな物語として語られた時代だったのである。東は語るのが難しいとされてきた２０１０年代に関して、２０２３年の位置から的確な批評を加えている。彼の議論を引き続き追ってみよう。

35

あまり指摘されないのだが、二〇一〇年代は思想史的には「大きな物語」が復活した時代だったといえる。

ここで「大きな物語」とは、人類史には大きな流れがあり、学問にせよ政治にせよ経済にせよ、その終極＝目的（エンド）に奉仕するのが正しいという考えのことである。ひらたくいえば、人類はまっすぐ進歩しており、それについていくのが正しいという考えかただ。二〇世紀においては共産主義がそんな大きな物語として機能した。それはまさに、人類社会の終極＝目的として、資本主義の終焉と共産主義の到来を謳い上げた思想だった。

けれどもそのような思想のありかたは、一九七〇年代あたりから批判されるようになった。批判のひとつがポストモダニズムと呼ばれる動きだ。

そして二〇世紀が終わるころには、そもそもソ連が崩壊したこともあり、大きな物語のような発想はほとんど支持されなくなった。一九七一年生まれのぼくは、学生時代にまさに「大きな物語」を叩き込まれた世代にあたる。人類の歴史にまっすぐな進歩なんてないし、なにが正しくなにがまちがっているかについても単純に判断できるわけがない。それがぼくの世代の本来の常識だ。

ところが二一世紀に入ると、その大きな物語の発想が新たな装いのもとで復活し始める。ただしこんどの物語の母体は、共産主義のような社会科学ではない。情報産業論や技術論である。支持母体も政治家や文学者ではなく、起業家やエンジニアだ。ひということでいえば、文系の大きな物語が消えたと思ったら、理工系から新しい物語が台頭してきたわけである。

（『訂正可能性の哲学』140〜141頁）

理工系から出てきた大きな物語。この中身が何だったかといえば、ひとつに「シンギュラリティ」にまつわる議論があるだろう。これは人間と人工知能の臨界点を指す言葉で、つまりそれは人間の脳と同じレベルのＡＩが誕生する時点のことである。一般的には、人間の知能を超えたＡＩはその後加速度的に進化を遂げていき、人間の生活や文明にも大きな変化が起こると考えられている。シンギュラリティという言葉が注目されるきっかけになったのは、レイ・カーツワイルの言説である。彼は著書のなか[*2]で人工知能は２０４５年には人類の知性を超えると予言しているが、いまではその数字に安直に飛びついたビジネスマンや政治家までもが「シンギュラリティ」の可能性を強調している。

このような情報産業を背景にした文明論の生み手として、東は落合陽一と彼のデジタルネイチャーという思想についても紹介している。落合は研究者やメディアアーティストの顔を持ちながらも、NewsPicksでの自身の冠番組「WEEKLY OCHIAI」などを通して２０１０年代から活発な言論活動を継続してきた。彼の著書『デジタルネイチャー』では、人々がデバイスを通じて知覚するデータ環境もまた新たな「自然」のようなものなのであり、世界のあらゆるところにセンサーが張り巡らされてすべてがデータ化、分析されるような「計数的な自然」の時代に備えていくことを勧めている。世界は人工知能に支援されてイノベーションに挑むひとにぎりの先進的な資本家＝エンジニアと、政府によるベーシックインカムで衣食住を保証されつつ、人工知能の勧めに従ってそこそこの幸せを追求する大衆層に分裂することになるだろう。デジタルネイチャーの誕生は人間を古い道徳観から解き放ってくれるために、過度な心配は無用であるかのような示唆も見受けられる。

また、他の例として呼ばれているのはイスラエルの歴史学者、ユヴァル・ノア・ハラリだ。彼は2010年代に世界で最も成功した知識人の一人であり、2015年に出版された『ホモ・デウス』は日本でもベストセラーになった。興味深いのは、この著作が人類が感染症を克服しつつあるという話から始まっていることである。「自然界の感染症の前に人類がなす術もなく立ち尽くしていた時代は、おそらく過ぎ去った」。[*3]現代の世論は、「人類には疫病を防ぐ知識と手段があり、それでも感染症が手に負えなくなったとしたら、それは神の怒りではなく人間の無能のせいであることを前提としている」。[*4]人類は人工知能や脳科学の進展によって不死や幸福さえ技術的に実現できる新しい時代に足を踏み入れつつあるという、その可能性までをも否定することはできないが、あらためて強調するまでもなく、ハラリの感染症への認識は間違っていた。感染症を目の当たりにして、現実には人類は想像以上に無力だったのであり、ウイルスの弱毒化が進むのを待つことしかできなかった。

シンギュラリティという大きな物語。落合やハラリのような壮大な物語の提示。東はこれら2010年代に起こった現象を一貫して、「人間の能力が高く評価された」時代だったと述べている。人間には人間の限界を超える技術を生み出す力がある。進化してきた人間は感染症や飢餓、戦争までも克服しつつある。そういったある意味では過剰な人間信仰とも呼べる様相を、東は「あまりにも観念的で無責任なように感じられる」と批判している。

二〇一〇年代は、「人間にはとてつもなくすごいことができる」という大きな物語に世界中が熱狂した多幸症の時代だった。コロナ禍とウクライナ戦争を経た二〇二三年から振り返ると、それはまるで、冬の到来のまえの小春日和の日々のようである。

（『訂正可能性の哲学』155～156頁）

36

２０１０年代とは、人間の可能性を信じる時代であった。未来のことをみて、未来の可能性にかけて立論していくからこそ、それは多幸症の時代を導いた。そして、コロナ禍やウクライナ戦争によって、多幸症に浸りすぎていたとでもいうような強烈な反省を与えられた。

しかしここで感じるのは、果たして２０１０年代は本当に小春日和だけだったのかという疑問である。晴れの日があれば雨の日もあるように、時代の様相はその暗部と抱き合わせにして捉えられるのではないか。もちろんそんなことは東もわかっているだろうが、つまり話はこのようになる。多幸症の時代の裏側で並走していたのは、「人間の限界を見る」思想。未来ではなく現実を見続けることしかできない絶望的な立論である。２０１０年代、自殺についての話題は事欠かなかった。有名人や一般人を問わず、幸せに生活しているようにに見える人たちの間であっても、ある日突然自殺が起こってしまう。そんな日々の連続に見舞われてきたことを、おそらく全くもって忘れている人はいないだろう。

問題は複数の局面がうまく重ならないことなのだ。大量の自殺が起きていることは知っている、それでも普段の自分が生きている世界とどこかでうまく噛み合わない、噛み合うときもあるのだけど噛み合っていないような気もする。なぜか。それは多幸症の時代精神と自殺をめぐる逼迫した感情が、本来ならコインの表裏であるはずの幸福と絶望が、まるで同時に一つの平面上に存在してしまうかのような状況として、２０１０年代に現れていたからなのである。

このようにして考えると、本文で模索してきた「死にたい」のその住処もいくらか特定される。技術の発展に根ざした大きな物語が、未来の可能性を夢想させることで多幸症を導く。その裏側で、人々は各自の存在論的不安に悩み、自殺に促されている。２０１０年代の承認欲求社会は、それが安心欲求を排除する構造を持つがゆえに人々の不安を増幅した。そして存在論的不安とは異なり、なんだかわからないが死にたくなってしまうという郵便的不安の存在についても本文では探求してきた。ふわふわした幽霊的「死にたい」を生み出しているのは、２０１０年代の分裂した時代精神でもある。「幸福で死にたくならないはずなのに死にたくなってしまう」という「わけのわからなさ」も不安と繋がっているのではないだろうか。

2010年代とはどのような時代か。ひとつの見方として、それは承認欲求社会の中で心をすり減らした「死にたい」人々が親密圏の外側で犯罪に巻き込まれてしまうようになった時代であり、また「死にたい」から自分を守るためにも、日常×自分の物語という安心欲求へのアプローチがひっそりと芽を出し始めていた時代だった。人々は「死にたい」からの癒やしを求め、もちろんこれらは一部の例ではあるが、移民をして新たな生活を始めてみたり、筋トレをして身体性の変化を探ってみたり、古今の芸術作品のなかにもその答えを探してみたりした。ほぼ同時期、2010年代の半ば頃から、科学の発展に根ざした多幸症的な時代精神が合流している。シンギュラリティなどの大きな物語は、人々が辛い現実から目を背け、未来の幸福を夢想することをあくまで断続的に可能にした。途切れ途切れの隙間に絶望が入り込む。人々は大きな物語を所有しながらも、現実を見続けるしかなかった。死にたくならないはずなのに死にたくなる、自殺の雰囲気が身の回りを包む。そうしたなかで死の郵便が届いてしまうことに怯えている。怯えながらも、不確実な世界の中を生きている。2010年代は、躁と鬱を往復するリズムをその拍動のうちに抱えていたのだ。

2010年代を経て、これから2020年代の日々をどのように生きていくのか。「死にたい」を抱えた場合にどう対処すればよいのか、いくらかの回答は示してきたと思う。多くを繰り返し語る必要はないだろう。

その上で最後に紹介したいのは対話のプロセスである。ある物事について考えると、異なる時代に生まれた人ともそのことに関して通じ合う瞬間が訪れたりもする。彼らとの対話が自分自身の見方を豊かにしてくれたりもする。時を超える、作品の魅力である。

さらなるヒントを求め、カフカを読んでみたい。

［第10章 注釈］

＊1 『訂正可能性の哲学』149〜150頁

＊2 レイ・カーツワイル『ポスト・ヒューマン誕生』

＊3 『ホモ・デウス』上巻 24頁

＊4 『ホモ・デウス』上巻 24頁

｜補遺｜Z世代にみる承認と安心の掛け算

インフルエンスからニュートラリティへ。2020年代はこのようにして始まっていった。「ニュートラリティ」というのは、アメリカのZ世代の間でしばしばみられるような、「社会に押し付けられる『理想』から離れようとする動き」[*1]のことをいう。

もはや多くの人に影響を及ぼすことよりも、自分にとってのリアルを発信することに注目が移りつつあるのは、たとえば彼／彼女らのTikTokの使い方やトレンドをみれば明らかである。1997年生まれのライター・研究者の竹田ダニエルは、Z世代の間で起こるTikTokの革命について『#Z世代的価値観』のなかで言及している。

人気サブジャンルのひとつがFoodTokだ。料理をしたり、アレンジコーヒーを作る様子を1分前後の動画でシェアしていく。同じような料理紹介動画といっても、たとえばInstagramやYouTubeに流れてくるものとは異なるのだが、これはFoodTokにはインフルエンスのための正解を伴うような美的価値観がないためだ。自分で作った料理を投稿するといっても、驚くほど綺麗に盛り付けたりはせず、自分自身のリアルな食事を淡々と発信するクリエイターが増えている。アボカドトーストを作ってカフェ風に映えさせることよりも、ただ白飯の上に焼いた鮭の切り身を載せる「サーモンライスボウル」を投稿するのが好まれる。[*2] それが手軽さや楽しさ、さらには「心の落ち着き」までも与えてくれるのである。

本を紹介するBookTokではどうだろう。これは TikTok 上で様々な本を紹介したり、レビューをするコミュニティになる。竹田によれば、「若者は本を読まない」という言説が流布する一方で、#BookTokというハッシュタグを含む動画は1740億回再生を超え（2023年9月時点）、いまや出版業界や書店業界を変えるまでの現象になっているのだという。[*3] BookTokの影響で若者の間で大幅に読書が普及し、本の販売促進につながった。YouTube 上での本紹介とは異なり、わずかな時間のなかで視聴者に訴えかけなければならないBookTokでは、出版社や作家からの献本に応じた宣伝やプロモーションよりも、ただ Tik-Tokerの「リアルなおすすめ」だけを紹介することが増えていく。

TikTokがもたらす短い動画の構造は、そのなかに人々のリアリティだけを詰め込むことを促進した。そこでは「映える」ことに特化するよりも、ただ面白くて、気さくなことの方が求められるのである。日常のリアルとの相性の良さが見出される。

この「ニュートラリティ」の動きがZ世代から出てきたと考えられていることも興味深い。

アメリカのZ世代においては、もはや「セラピーに通うことが『クールなこと』になりつつある」からだ。[*4] Z世代を対象にしばしば語られるのは、環境問題や不景気、コロナ禍の影響を未成年の段階から強く受けていることである。死や鬱、経済不安などが身近なものとしてあったのだと説明される。それゆえかメンタルヘルスに注目する流れがZ世代で強まっている。こういった状況自体は、そうしづらい空気感が漂っていたり、医者に診てもらうことにも変に抵抗を持ってしまう日本の場合と比べて、端的に好ましいことだろう。セラピーに通うことは決して恥じるべきことではなく、友達同士で互いのセラピーに関して話し合ったりもする。

食事や読書の分野で日常のリアルを求めるニュートラリティの動きが、メンタルヘルスに関心を強めた若者たちを中心に、TikTokのトレンドを作っている。このZ世代の動向を見たときに何を思うだろうか。これは本文で示してきた、2010年代から安心欲求を求めてきた人々の姿に重なりはしないだろうか。

そう、つまりZ世代の特徴とは、Z世代の特徴でもありつつ、言い方を変えればそうではないのである。巷でその感性と呼ばれているものは、むしろ彼/彼女らの世代以前から用意されてきた感覚が、TikTokなどの発明とともに大きな市場のなかで流行化したものに過ぎなかったりもする。

Z世代によるFoodTokやBookTokの流行というのも、2020年代的な安心欲求へのアプローチが関与していると見ることができるのではないか。短い動画の時間枠の要請により、日常のリアリティが求められるようになったと説明することは容易い。だがその裏側で、じつはメンタルヘルスを補うために日常と自分の物語を掛け合わせていたのかもしれないのだ。

そしていま、安心欲求は再度危険にさらされている。市場に飲み込まれるということはどういうことかを同時に考える必要があるだろう。Z世代がメンタルヘルスの結果として求めてきた料理や読書などの安心欲求のアプローチは、結局のところ再び承認欲求を満たすための道具に変わってしまってはいないか。

インフルエンサーにはならなくて良いと思っていても、結局は人から羨ましがられたいという欲求に抗えず、日常のリアリティすら承認欲求を満たすための共感の回路として使ってしまう。この結局は人から羨ましがられたいという欲望から、多くの人々は冷静に離れることができない。SNSはそれを分かっているからこそ、あえてつけこむ。こうしてようやく獲得した安心欲求の可能性までも、コミュニケーションツールとして承認欲求市場に流してしまっている。いまここでこのような解釈をふまえておくことに意味はあるだろう。

Z世代とは、一方でうまく安心欲求を充実させ、その経済圏のなかで心の安らぎを得ながら生きている世代とも見ることができる。だがもう一方では、やはりTikTokなどのSNSを頼りにしたコミュニケーションにおいて、承認欲求のために安心欲求を切り売りしてしまっている世代だと見ることもできる。TikTokというSNSが、承認欲求社会のなかに安心欲求の回路それ自体を内包してしまおうとするメカニズムを持っていることにも留意しておきたい。

今後はいかにして安心欲求のアプローチを純粋に安心欲求に働くためのものとして残すか、機能させるのかという論点が生まれてくるのではないだろうか。いわばSNS断ちをすれば簡単なのかもしれないが、これが現実的に敷延可能な考えかというと疑わしい。ある程度自分自身の安心欲求を確保した上で、どこまでを承認欲求のコミュニケーションに切り売りして良いのか、それを決めるバランス感覚こそZ世代の感性のひとつの特徴になるかもしれない。

最後に、この「世代」という言葉にも注釈をつけておこう。

竹田も強調するように、「世代」というのはもはや特定の年齢層だけを意味するものではなく、単に自分の特徴として獲得できる「価値観」のようなものに過ぎない。だからZ世代という言葉を使っても、その特徴は1997年以降に生まれた若者だけを括るものではないのである。その価値観は次第に様々な年齢層へと転移する。分断されていた世代概念は、インターネットやスマホの影響で隣り合わせにつながるものに変わってきている。

これはすでに若者論がただの若者論にならないことがひとつの例になるだろうか。良い年齢の大人であっても若者と同じポップカルチャーを楽しむように、ある世代観はすべての世代に開かれている。誰もがオタクとも名乗れる時代である。世代という言葉がその輪郭を溶かし「価値観」のように応用可能であることは、かねてから知られてきてもいる。竹田の「Z世代的価値観」という言葉の使い方はそれをふまえたものだろう。

ちなみに日本の「Z世代」という用語は、それより前に生まれた世代との連続性や相互の影響などが考慮されないまま、ほとんどただのマーケティングのための用語として機能してしまっている。金儲けを優先してあえて強引に世代を作っているということだ。ある程度年齢の高い大人が、「Z世代」をバズワード的に使おうとするため、建設的な世代論がなかなか生まれてこない状況がある。

改めてここで主張したいのは、上に記してきたようなZ世代の感覚が、２０２０年代を生きるすべての人々に転移する可能性のある「価値観」だということだ。それは承認欲求社会のなかでいかに安心欲求を獲得していくかという課題を持つ人々が持ち得る「価値観」だということだ。いつ自分自身が同じ状況に置かれてもおかしくはない。最新のＳＮＳやテクノロジーに詳しい若者たちを追随するようにして、大人たちが気軽に真似をし始める。

また、あえて年齢層にこだわりFoodTokやBookTokについての説明を求められるならば、Ｚ世代の文化というよりも、おそらくミレニアル世代から準備されてきた感覚が消費に落とし込まれたものだと答えるだろう。Ｚ世代からぽっと生まれてきた感覚ではなく、その前提として２０１０年代を生きる人々による承認欲求と安心欲求のせめぎ合いが存在している。

ミレニアル世代といっても、そこには１９８１年生まれから１９９０年代半ばごろまでという幅がある。たとえばミレニアル世代の後半生まれの人々が、主に２０１０年代と重なる成年後の社会経験のなかで承認欲求社会に限界を感じ、ＳＮＳの運用に変化を及ぼし始めた。１９９０年代生まれの人たちからしたら、ミレニアル世代よりもＺ世代の方が歳が近いということなんてよくあるだろうし、Ｚ世代の人々からしても自分たちと同じ世代であるかのように見えるかもしれない。こうした背景のなかで、TikTokを舞台とした安心欲求の出現、Z世代の現象と言われているものの一部を説明することができるのではないだろうか。ゆるやかなグラデーションのもとに物事は成り立っているのだと思う。

マーケティングを目的としたZ世代という言葉に踊らされずに、それを他人事としてではなく、転移可能性のある「価値観」としてみること。Z世代という言葉が独り歩きしていても、その内実は自分たち自身が生み出した感覚であるかもしれない。

［補遺 注釈］

＊1『#Z世代的価値観』61頁

＊2『#Z世代的価値観』52頁

＊3『#Z世代的価値観』99頁

＊4『#Z世代的価値観』28頁

第４部

フランツ・カフカ論

第11章　だれが『変身』するのか

37

カフカについて論じる。端的に言えば、カフカを読むことで「死にたい」に関する彼の洞察が得られるからだ。

はじめに『変身』を扱うけれども、これはおそらくカフカのなかでももっとも有名な作品のひとつではないだろうか。『変身』には、身体がどのような形になっても人間としての核を喪失しなかった主人公が描かれている。これまでに積み上げられてきた典型的な作品の印象などがあるのは承知の上で、本文での議論を参照し、改めてこの作品を読んでみたい。

まずは簡単にストーリーを紹介しよう。主人公グレーゴル・ザムザは、家族を養うために布地のセールスマンとして勤めている。ある朝、彼は巨大な虫に変身してしまい、部屋から出られなくなる。当然仕事に行くこともできないし、彼の生活は激変してしまう。グレーゴルの妹はそんな彼のことを気遣うが、両親はというと彼のことを忌み嫌い、父親に至っては暴力的な振る舞いをするようになっていく。変身したグレーゴルのほうはまさに虫らしく生きるしかない。食事の好みは変わり、虫として壁を這い回りはじめる。グレーゴルという働き手を失ったザムザ家は、収入を得るため3人の紳士を住居に住まわせることになる。紳士たちのため、グレーゴルの妹がヴァイオリンの演奏を披露するが、その際、音色につられて姿を現したグレーゴルが紳士たちに発見されてしまう。あまりに不気味な生き物が家のなかにいることを不愉快に思った彼らは、ザムザ家との契約を解除して出ていってしまうのだが、これが決定的な出来事となり、この日を境にグレーゴルの家族もグレーゴルを物扱いするようになる。グレーゴルをその名ではなく「これ」と呼びはじめる。そして、その延長にグレーゴルの死が訪れる。彼の死は、父親が投げつけたリンゴが背中にあたり、それがめり込んだ状態のまま手当もされずに放置されたことが決定的な要因となった。

最終的にグレーゴルは死を迎え、残された家族が彼の死すらも忘れるように次の人生に向かっていくところで物語は終わる。しかし彼の死はどのような過程を辿ったのか。本当にリンゴを当てられた怪我だけが死の理由なのだろうか。ここでは彼が最後に絶食を試みていたというところに注目したい。

むしろそれは、家族の気持ちを察したグレーゴルのゆるやかな自殺のプロセスだったとも言えるのではないか。彼の家族との間に生まれてしまった「隔たり」に気づきながらも、グレーゴルの家族への愛は最後まで残っていた。変身後のグレーゴルは、人間の常識や世間の目から解放され、一匹の虫として壁を這い回る。にもかかわらず、それでも彼は家族への愛にあふれ、自らを邪険に扱った家族のことを想いながら、安らかに死んでいくようにも見えるのだ。

「さて」とグレーゴルは考えて、あたりの暗闇を見まわした。自分がもうまったく動けなくなっているのがほどなくわかった。それを格別不思議だとも思わなかった。むしろこのほそぼそとした足でここまで這ってこられたというのが不自然なくらいであった。その他の点ではわりに気分がいいように思われた。むろん体ぜんたいが痛いには痛いが、それもやがて薄らいで、最後にはまったく消えさるように思われた。柔ら

かい埃にすっかり覆いかくされた背中の腐った林檎やその周囲の炎症部の存在もすでにほとんどそれとは感ぜられなかった。感動と愛情とをもって家の人たちのことを思いかえす。自分が消えてなくならなければならないということにたいする彼自身の意見は、妹の似たような意見よりもひょっとするともっともっと強いものだったのだ。こういう空虚な、そして安らかな瞑想状態のうちにある彼の耳に、教会の塔から朝の三時を打つ時計の音が聞えてきた。窓の外が一帯に薄明るくなりはじめたのもまだぼんやりとわかっていたが、ふと首がひとりでにがくんと下へさがった。そして鼻孔からは最後の息がかすかに漏れ流れた。

(『変身』高橋義孝訳　104頁)

なぜグレーゴルは「自分が消えてなくならなければならない」と思ったのか。それは自身の変身が愛する家族に負荷をかけ、家族をも変身させてしまうことに気づいていたからではないだろうか。ゆえに、もちろん空虚さは残るものの、どこか安らかな構えで自身の死を迎えることができている。自分の死で家族を救うことができるのならと思ってしまうくらいには、家族を苦しめていること自体にグレーゴルは苦しんでいた。

たしかに、家族の一員が突然虫に変身してしまったとしたら、それはあまりに突飛な体験であり、想像を絶するような苦痛さえ家族にもたらすかもしれない。この物語は、肉親の情がいかに脆いものであるか、きっかけさえ噛み合ってしまえば失われてしまうものであるのかを描き出す。

家族という親密な関係は、親密であればあるほど、容易に異質なものを排除する。そこでは、虫に変身してしまった長男への配慮など急速に失われていく。残された家族が「普通に」これまで通りの生活を維持するためには、グレーゴルは厄介者でしかない。彼が変身してしまったことで、父も、母も、妹までも、変身せざるを得ない。

そう、タイトルの「変身」とはグレーゴルの虫への変身だけを意味しているのではない。困難な状況にある息子に対して無償の愛を捧げるべき両親の変身、成人の身体へと変貌を遂げながらも、人間らしい心を失ってしまった妹の変身。これらすべてを指しているわけである。

38

さらに読みを深めていく前に、ここでいちど立ち止まっておきたい。

じつはカフカという作家には、その作品について語ることの難しさが当然のようにしてある。これは解釈自体が難しいという話ではなく、むしろ解釈からなるべく距離を置いたところに面白さを見いだすべきという主張もあるからだ。カフカ評論家は小説の「部分」しか読んでおらず、小説の「意味」だけを問題にしていると主張するのは、たとえば小説家の保坂和志である。

小説には『変身』を読み通すことを前提としない楽しみ方もあるはずで、読み通さないのであれば「意味」にこだわることも難しい。保坂によれば、小説の作者は必ず、「この小説は最後までみんなに読まれるだろうか」と思いながら作品を書いている。そのことをふまえれば、一文一文の連なりに読者を退屈させないような考慮や工夫が反映されており、小説の読者はその「読んでいる時間」それ自体を楽しんでいるのだ。「読み終わった後」だけが重要になるのではない。意味や解釈に固定されない、動的なものとして小説を捉えることの可能性が開かれている。なるほど、現代社会との関係はどうなのか、これは何のメタファーなのかなどといったことを考えずにカフカを読めば、ユーモアなどを含めた作品の純粋な面白さに改めて気づかされるというわけだ。

難しい小説と思わずに読んでいると、カフカって結構よく笑っちゃうんだよね。例えば、一番有名な『変身』で、主人公が朝起きたら、虫になっているでしょう……まあ、実は原文では虫とは書いてないんだけどね、けがれた小動物と書いてあるだけで。ただ、背中に堅い甲羅があって、細かい足がいくつもあるっていうことが描写されているので、大体みんな、足がたくさんある甲虫類を想像してるんだけど、実際の甲虫はそんなに足がないんだよね。まあ、ムカデだと足は多いけど、にょろにょろ細長いわけだから当てはまらないし。だから、ほんとは、別に虫ともなんとも書いてないんだけど、まあ、虫ってことにして話を戻すと、主人公が朝起きて虫になっちゃってて、まず彼が考えていることは、「しまった、目覚まし時計が鳴ったはずなのに、寝坊してしまった。早く出張にいかなければ遅れちゃう」ってことなんだよね（笑）。だから、評論家や学校の授業でカフカの『変身』を読む時に、虫に変身するということは、どういう意味があるのかって必ず考えるけど、そうじゃないんだよね。

（「特集　執筆前夜『保坂和志さんインタビュー　第1回』」クリエイターズワールド）*1

はたして読者の方々は、『変身』冒頭のどの部分で可笑しみを覚えただろうか。変身してしまっている違和感よりも、遅刻のことばかり心配する主人公の様子に笑えてしまった人はどれくらいいるのだろう。

白水社カフカ・コレクションにて作品の翻訳を担当した池内紀は「『変身』について」のなかで以下のように述べている。

前の晩、床についたとき、たしかに人間だった。働き者のセールスマンで、トランクをさげ、あちこち営業にまわる。せっせと働き、ひとりで四人家族を養ってきた。ところが、あくる朝、目を覚ましたところ、一匹の虫になっていた。いったい、どういうことだろう？　人間が虫になったりするものなのか。

しかし不思議なのは、そのこと以上に、つぎのことではあるまいか。つまり、主人公グレーゴル・ザムザが自分の変身に、さして驚かないということ。彼が驚くのは、すぐあと目覚まし時計を見たときである。

「ウッヒャー」

一時間以上も寝すごしている。床に入る前に、たしかにセットした。けたたましい呼び鈴が鳴ったはずだ。どうして気づかなかったのだろう？　主人公が自分の変身に驚かない、まさにそのことに読者は驚く。
（『変身』池内紀訳　134頁）

実際のところ、冒頭を同じように読んだ人の数は少なくないのではないだろうか。なぜなら非日常的な変身をしているにもかかわらず、日課の些細な遅れを気にしていることのユーモアが単にそこに存在しているからである。だがこの可笑しさというのは、とりわけカフカに特有のものではないだろうことに留意する必要がある。

まず先に述べておくが、保坂のいうような小説の「読み方」は確かに擁護されるべき側面があり、それは繰り返しになるが、作品解釈それ自体が「意味」にこだわるあまり、小説の可能性を狭めてしまう原因にもなるからだ。一文一文が生み出す展開を新鮮に楽しむのも小説の醍醐味だ。

一方で、小説を「読んでいる時間」の楽しみを誰かと語り合う際にも、ある「意味」の確かめ合いになりがちなのではないかという点も否めない。いくら多様性があるとはいえ、それでいてなお、読者は同じ人間という種族であり、同じような習慣を持っているのであり、外国の文学にだって共感するポイントを持ててしまう。ゆえに、小説を読んでいる間だって、たとえばどこに可笑しさを覚えるかという点をとっても、類似する仕方で「意味」を拾いながら、近い範囲で反応をしてしまうこと「も」否定できない。作家の側も、読者が類似の慣習から同じような「意味」の愉しさに寄ってくることを感じて、この「意味」の連続によって読者をひきつけようとする娯楽性を発揮することがあるのではないか。狙っていなくとも、だ。

強調しておくが、たしかに「意味」を探ることから離れて「読んでいる時間」それ自体を楽しむのは可能である。数多くの純文学作品が存在していることからも明らかなように、わかりやすくストーリーの内容だけを伝えることが小説の役割ではない。それに、読者という主体も簡単な括りで語れるものではなく、原理的に脳の認知機能を考慮するならば同列の読み方を辿れることなど不可能に近いと思われるだろう。

頭で考えればそうなるのだが、小説を読んでいる時間についての議論をしようとなると、どこか綺麗には割り切れないぼんやりとした論理を感じてしまう時がある。小説に近い語り口を使えば、いわば文学的な語り口を通せば、身体的に説得することは楽になり「も」

する。論理を飛び越えてわかった気にさせる、というようなこと「も」できてしまう。ときには単純な思考にとらわれない、可能性を切り開くような展開も生まれるためそれでいいのかもしれないが、一方でそのやり方が縮減させる世界もある。そういった事情を踏まえて、今回は単に読書で発生する現象自体を吟味したいだけなのである。

ある意味当たり前のこととして、ひとりの読者は他の読者と似たような仕方でも作品を読んでしまう。その事実は存在する。大きな「意味」を拾わないようにしても、小さな「意味」をある程度他者と似た仕方で拾っていきながら、とまらずに読み進めていく。だから、「意味」それ自体を拾ってしまうことに対して、恐れを抱き立ちすくむ必要はない。そうやって読むことが悪いわけではなく、あくまでも場合に応じて読み方が変われば良いだけである。

カフカを語ることは難しい。そのような状況でも、そう言われていても、ただ自由に語れば良いのだと思う。

ゆえに引き続き、『変身』のなかに意味をとっていく。

39

本文の内容に照らし合わせるならば、カフカの『変身』とは、現代社会における「死にたい」をめぐる環境を描いているようにも読めるのではないか。

グレーゴルは、自分がどのように「変身」してしまったとしても、「親密圏」への深い愛を持ち続けている。しかし、自分がなにか不気味な姿に「変身」したことが明らかになってしまえば、どんなに親しい家族でさえ、最悪の方向に「変身」してしまう可能性がある。そのような「変身」を、グレーゴル自らが導いてしまう。

自らの変身によって不気味さを抱え込んでしまい、親しい人の変身が二次的にもたらされてしまったとき、それを親しい人たちのせいにはできないという心性。悪いのは自分であると考え、そのまま親しい人たちを傷つけないようにして、愛を残したままにして、自死へと至るその心性。カフカはこの物語を通して、「変身」が親しさのなかにある愛と距離の問題でもあることを描いている。現在からは、そのような仕方で『変身』を読むことができるのではないだろうか。

新潮文庫版『変身』の解説において、有村隆広は以下のように述べている。

『変身』は奇怪な小説である。ある朝、グレーゴル・ザムザは自分が一匹の巨大な虫に変身しているのに気付く。カフカの描写からすると、これはどうやら巨大なむかでといったほうがふさわしいかも知れない。人間が動物に変身するということは、童話の世界でならまだしも、普通の世界ではありえない。これが第一の不思議である。第二の不思議は、グレーゴルの変身を周囲の人々が誰も不審に思わないということである。人々は、そのような現象は、当然のことながらありうることだと考えている。第三番目に、カフカが、なぜ変身したかを、まったく説明していないこと、これもまた不思議なことである。

（『変身』高橋義孝訳 124頁）

第一の不思議、なぜ普通の世界において人間が動物に変身しているのか。これは、変身後のグレーゴルが何を話そうとしても人間の発声で伝えられないように、カフカがコミュニケーションの困難と断絶を描いているからである。また、変身後のグレーゴルにとって天井を這い回ることが何より快適に感じてしまうように、生活習慣に伴う快適さの基準さえ明らかに変わってくるということも示唆されている。

第二の不思議、変身を周囲の誰も不審に思わないというのは、どの人々にとっても、身近な人が「死にたい」状態になってしまうこと自体は現実に考えられるからだ。「死にたい」がどういう状態なのかわからずとも、誰かがその状態になり得るということは、自然な範囲で理解が可能である。そのため、これはとりわけ不審なことにはならない。

第三の不思議、カフカ自身が、なぜ変身したかをまったく説明していないこと。これにはもちろん解釈の余地を残すためという解釈も考えられるわけだが、ここでもあくまで「死にたい」における文脈にとどまろう。変身のわけを説明しない理由、それは理由を辿れない変身＝「死にたい」があるからではないか。理由もわかっていないのに「死にたく」なるとはどういうことか。これについては後の章で再度触れるため、ひとまず具体的な議論は避けることにするが、ともかくは第三の不思議についても、一定の回答を導き出すことが可能である。

グレーゴルの変身を、「死にたい」への変身として読み解くこと。そうすることで、たとえば親密圏における愛の変化について考えることもできる。理由もわからずに変身してしまうとはどういうことなのか、思索をはじめるきっかけを作ることもできる。

加えて、こちらはよりストレートな読みではあるが、『変身』における身体の扱われ方も見過ごしてはならないだろう。たとえばデカルトの心身二元論のように心と物質的な身体をはっきりと分けようとする方向と、グレーゴルの変身ははっきりと異なっている。身体が人間ではないものに変容し、脳だけが人間のままに残されたグレーゴルは、身体が変容することによって快不快の基準や、幸福のあり方が変わっていることに気づく。彼は気晴らしとして、壁や天井を這い回ることを快く思い、もしくはほとんど幸福だと感じるようになるのだった。

——

四方の壁や天井を縦横十文字に這いまわるという習慣をつけて気晴らしをした。ことに天井にへばりついているのは気持ちがよかった。床の上に這いつくばっているのとはよほど趣がちがう。息も楽にできるし、軽い振動が体じゅうに伝わる。グレーゴルは天井にへばりついていて、ほとんど幸福と言ってもいいほどの放心状態におちいり、不覚にも足を離して床の上へばたんと落ちて、われながらそれに驚くこともよくあった。しかしながらいまでは言うまでもなく以前とはちがって自分の体を意のままにすることができるので、そういう大墜落をしても怪我はしなかった。

（『変身』高橋義孝訳　61〜62頁）

身体の変化、身体の可塑性、こういった主題を描いているのもカフカの『変身』である。もはや人間は、身体の状態を切り離してすべてをわかったつもりになることはできない。身体の状態が変わることで、ときに幸福さえもたらされてしまう可能性があるということ。逆さにすれば不幸さえ。

『変身』から得られる視座は大きい。なかでもとりわけ「なぜカフカは、グレーゴルがどんな理由で変身したのかを説明しなかったのか」という疑問と、身体性の問題については、さらなる考察が必要とされるはずだ。「死にたい」に当てはめて作品の解釈を行うならば、前者は理由のない「死にたい」が存在する可能性、後者は「死にたい」が身体性の強調とともに語られている意味を示唆してくれる。

［第11章　注釈］

＊1　「特集　執筆前夜『保坂和志さんのインタビュー　第1回』」(https://www.creatorsworld.net/archive/tokushu/k-hosaka.html)

第12章 『訴訟』の謎多きプロセス

40

次に読みたいのは『訴訟』である。

『訴訟』とはどのような作品か。これは未完の長編小説であり、1914年8月に冒頭と結末部分がまず書かれ、あいだを埋めるような形で執筆が進められたものである。1915年1月に中断するも、その後も断続的に書き継がれていく。そして作者の死後の1925年になってから、遺稿を託されたマックス・ブロートの手でディ・シュミーデ出版社から刊行される。第二次世界大戦後にはカミュやサルトルなどフランスの実存主義作家たちに再発見され、世界的なカフカブームの火付け役になるとともに、「不条理の文学」の代名詞と目されるようになった。

『訴訟』の物語を、簡単ではあるが10の章ごとにまとめてみよう。長編の物語であり、内容自体を以降の分析にも活用したいため、少し長めに紹介する。

まず1章の「逮捕」は、主人公のヨーゼフ・Kの住んでいるアパートに裁判所が遣わした監督と2人の番人がやってきて、Kに逮捕を告げる場面から始まる。普通の事態と異なるのは、役人たちが事件の内容については一切わかっておらず、ただ逮捕の確定だけを知らせることだ。何の罪なのか、逮捕令状はあるのかなどをKは尋ねるものの、彼らからなにも明確な答えは返ってこない。代わりに、このまま普段通りの日常を過ごしていってよいとも言われる。

2章の「グルーバッハ夫人との会話／続いてビュルストナー嬢」では、Kがアパートの管理人であるグルーバッハ夫人や、同アパートに住む隣人のビュルストナー嬢に先の騒動のお詫びをする場面である。後述するが、詫びといってもKにはどこか女性を占有するかのような態度も漂っている。ビュルストナー嬢に対しては、深夜に呼び出すだけではなく、それまではほとんど会話をしてこなかったにもかかわらず強引にキスをしたり、終始自分の都合を相手に押し付けるような様子が見受けられる。

3章の「最初の審問」になると、とうとう裁判のプロセスが始まっていく。とはいっても、出廷せよと言われて不気味な道筋をたどりながら裁判所に行き着いたKはどこか拍子抜けせざるを得ない。裁判所と思われるスペースには大勢の人が集まり、騒いでいるだけで、いま何が起きているのかを理解するのも難しいからだ。一応予審判事と思われる人物を見つけて多少のやりとりを行うものの、彼も頼りにならず、Kは改めて不安を覚えることになる。先日の逮捕通知について問いただすが、予審判事も詳細については何もわからずにただ事務的な仕事を行っているだけである。

4章の「無人の法廷／大学生／事務局」では、前回の裁判を不審に思ったKが再度同じ場所を訪れてみる場面からはじまる。裁判所はまるで別の場所であるかのように無人だったのだが、近くで廷吏の嫁だという女と出会う。Kは裁判についての実態を聞き出そうと模索するものの、途中からその女と彼女が隠れて交際しているらしい大学生のことが気になって、当初の目的からは次第に逸れていってしまう。最終的には女と大学生を追いかけて事務局にたどり着くが、そこで自分と同じような境遇の人々を見かけながら、逮捕の不安もどんどん増していく。具合が悪くなったKは逃げ出すようにその場を後にする。

5章の「笞打人」では、自身が働いている銀行のガラクタ置き場で、逮捕通知時に出会った2人の番人が笞で打たれているところをKは目撃する。番人によれば、Kが予審判事に対して、当時アパートに勝手に上がり込んだ番人の失礼な態度を責めたからだという。もちろん笞打人もKの裁判については何も知らないが、ここにきていきなり日常の中に暴力が持ち込まれたのをみて、Kには一気に逮捕のリアリティが迫ってくる。Kは番人を助けることなく立ち去るが、次の日になってもまだ笞打ちが行われているのを確認して気味悪くなる。

6章の「叔父さん／レニ」になると、Kの裁判のことを知った実の叔父が銀行にやってきて、知り合いの弁護士をつけることを提案する。叔父の紹介に従って弁護士の家を訪れたKは、そこでメイドのレニと出会う。ここでもKは女性に対して強気である。レニとの会話や浮き事の可能性に頭を奪われているうちに、彼は弁護士や叔父と話すための時間を無下にしてしまう。たまたまその場に事務局長も来ていたため、全員の面目を立てる機会を逃してしまったと叔父は叱責する。

7章の「弁護士／工場主／画家」はいくつかの展開を含んでいる。まずは膝を突き合わせて弁護士との取り組みを始めてみるものの、Kは疑念を持つことになる。被告人は現状と折り合いをつけることしかできないと言われたり、弁護士からはいつも進展があると言われるだけで具体的な内容は何も教えてもらえない。言い訳をつけながら常に最初の請願書を作成中という弁護士の状況をみて、Kはそれがきりのない作業だと直感してはいるものの、自分自身で自らの弁護をするしかないのではと考えるようになる。そして行動に移し始めるのだが、裁判について考えれば考えるほど、自身の仕事にも精が入らなくなっているような気がしてくる。銀行でそのような不安にも直面していた時、顧客である工場主からあらゆる裁判の事情に詳しい画家のティトレッツリを紹介される。Kは馬鹿馬鹿しいと思いながらも、結局はその画家を訪ねることになる。ティトレッツリいわく、彼は代々裁判における肖像画を担当してきた家系らしい。不安からどこかへりくだっているようなKに対し、ここでも画家は知っているようで何も知らないかのような、煮え切らない態度を取り続ける。最上位の裁判所以外は、誰も何も知らないし、刑の権限すらない。そのため訴訟をひきのばし停滞させ続けて、有罪判決を受けないようにすることが唯一の道となる。だがそれでも、無罪判決というものはやってこないのだという。

8章の「商人ブロック／弁護士をクビに」において、Kは自身の成れの果てのような存在に出会ってしまう。それが同じ弁護士の元に通っている商人のブロックだ。訴訟が長引くなかで尊厳を失い、弁護士にへりくだる犬のようにすらなってしまっている。そんな彼でもレニと親しくしているところを見て、Kは動揺を隠せない。Kは弁護士から、レニがKやブロックのような被告人であれば誰でも好きになり、逆に好かれもするということも知らされる。この時点においても何も裁判の詳細な進展が知らされないため、そして事態への不安から状況はさらに悪化し続けていると考え、Kは弁護士に代理人契約の破棄を通告する。

9章「大聖堂」では、Kは顧客のイタリア人へのツアーガイドを銀行の頭取直々にお願いされる。イタリア語にはうといものの、仕事でこれ以上の後れをとってはならないと気を引き締めて大聖堂へ向かう。しかし肝心のイタリア人は一向に現れない。静かな大聖堂の中をひとり歩いていると、いきなり僧侶から自らの名前を叫ばれる。突然に緊張感は高まり、Kは僧侶からの説教に耳を傾けることになる。法律を前にした番人の話が語られる。そこでも裁判についての答えを得ることはできない。

そして最終10章の「終わり」である。31歳の誕生日の前日、Kの家に2人の紳士がやって来て、Kをどこかに連れて行こうとする。はじめのうちは何度か抵抗を考えてみたものの、Kの頭に浮かんだのはこれまでのように分別を保つことの重要性である。その分別の選択は諦念へと繋がっていく。しばらく歩いて市街地を出ると、野原のなかの小さな石切り場にたどり着く。石に背中を預け、その上に頭を載せろとKは言われる。最後の最後まででいったい何が起こっているのかわからないまま、ゆえに裁判のことを考え続けているまま、両刃の肉切り包丁で心臓をひと刺しにされ、処刑される。

41

多くの謎を残し、このような終わりを迎える『訴訟』は、様々な作品解釈を生むこととなる。本作がどのように読まれてきたのかを次に確認しよう。とにかく謎の多い作品と言われているため、他の読者による解釈もできるだけの厚みを持って残しておきたい。

文学研究者の古川昌文のまとめたところによれば、心理的解釈と社会批判的解釈の2つに分岐していると言えるようだ。まずは心理的解釈からみていこう。

たとえばバイスナーはカフカの語りの特徴として語りの視点が主人公にほぼ固定されていることを見出し、「夢のような内面生活の描写」というカフカの日記の言葉を梃にして、『訴訟』全体をヨーゼフ・Kの「夢」、すなわち彼の主観的表象であるとする読み方を提示した。ゾーケルはより精神分析学的に、不可視の法によって裁かれるヨーゼフ・Kの内にカフカの父親に対するエディプスコンプレックスを読み取っている。

(「描かれるのは個人か社会か」、『カフカの長編小説』所収　58頁)

一方の社会批判的解釈は、物語の終わりに至るまで罪を明らかにされず、わけのわからないままに逮捕され処刑されるKの運命をみて、個人の尊厳を圧殺する社会の理不尽さを強調するものである。

アドルノは『訴訟』の裁判所にナチズムに代表される全体主義国家との同質性をみてとる。カフカの友人ブロートによれば、罪なくして逮捕されるヨーゼフ・Kは「ユダヤ民族のシンボル」となるという。

(「描かれるのは個人か社会か」、『カフカの長編小説』所収　59頁)

しかし後者の社会批判的解釈というのも、詳しくみればさらに2つに分岐できるように思われる。たとえばアドルノに近い立場はKを無罪と考える。カフカ研究者の林嵜伸二がいうように、本作には「『オーストリアの官僚主義的な統治形態への批判がこめられている』というハンナ・アーレントにはじまり、主に法律家によるカフカ解釈へと受け継がれていく現実社会批判の流れがある」。[*1] 他方で、ブロートに始まる後者のユダヤ教的解釈の立ち位置が示すのは、小説にはユダヤ教的な「裁き」が描かれているという、つまり根本的にはKには罪があるという視点ではないだろうか。「カフカは、ユダヤ人であるがゆえにユダヤ教的世界を描こうとしたのか、法学部出身で役人として働いていたカフカがよく知る現実の官僚・裁判世界を批判的に描こうとしたのか、それともそのどちらでもない世界を描こうとしたのか」。[*2] このあたりに『訴訟』における社会的解釈の要点はある。ブロートのようなユダヤ教的解釈のことまで含めるのならば、社会批判的解釈とするよりも社会的解釈という言葉を当てはめた方が収まりが良いはずだ。

つまり『訴訟』には、日記などのカフカの自己表出の仕方から導いてきた心理的な解釈と、ユダヤ教徒像と裁判所役人像を併せ持つカフカの特徴から導き出される社会的な解釈があるのだとひとまずまとめることができるのではないだろうか。

留意しておくべき点があるとすれば、カフカ自身はあくまで心理分析、精神分析の類を志向していないということである。自身の無意識的次元を探ろうとしながらも、カフカは心理学に対して否定的である。[*3] 古川が指摘しているように、この心理学への拒否感は、心理学が心を観察者から切り離し「対象」として扱っていることから生まれている。

自己分析においては自己を「対象」化し、症状とその原因の因果関係を探ることになる。このとき分析する側の自己は対象化されないまま残される。カフカの文学による自己表出は自己を「対象」として分析することによってではなく、自分自身を内側から体験するという方法によって行われた。「内面生活」とは文字通り内面の生活＝体験なのであり、外部からの観察・分析によって知りうる結果ではない。目覚めた意識の背後に隠された無意識的な内面を内側から体験し表出すること。その理想形が「夢」であり、夢をモデルとしてカフカは『訴訟』を執筆したと思われる。

（「描かれるのは個人か社会か」、『カフカの長編小説』所収　67頁）

何がおきているのかは決してわからないが、すべてが大きな因果の流れの上にあり、周

りの人々が自分のすべてを見透かしているかのように感じてしまう。そんなKの様子は、カフカ自身が体験する「夢」の世界のことであるならば納得もいきやすい。

他の解釈としては、女性の私的な領域に入り込もうとするKの行動をみて、Kは性欲を持つがゆえに有罪判決を受けそうになっているというものがある。取り調べに来た男たちが同じアパートに住むビュルストナー嬢の私物を触ったことをKはひどく気にする。触ったのは自分ではないと言うために、わざわざ相手が帰宅するのを夜中まで待ち伏せ、強引に部屋の中にまで入り込む。話がたびたび逮捕のことから脱線して、性の領域にのめり込んでいくところに、Kへの有罪判決の可能性をみる。多和田葉子が鋭く示唆するように、「この判決は父的な神から降りてくるので、法律の力で無罪を証明するのは不可能である。カフカは、法律にふれていないのに逮捕されるKを小説に書くことで、性を有罪とする判決が全くのナンセンスであることをあきらかにした」[*4]とも言える。逮捕された事件の方ではなく、Kの女性関係を主旋律と解釈することも可能なのである。

これだけ様々な解釈を引き出すため、他のカフカの作品やそれ以上に、『訴訟』においてはおのおのの自由な読み方が議論の担保にされることもわかるだろう。あなたも好き勝手に読めば良い、だからそれと引き換えに自分の説も成り立たせて欲しいとでもいうような。文学研究者における解釈の多くは、ある視点からひとつひとつの断片的な読み方を立証しようとするが、それは他の解釈とぶつかれば矛盾するようなものであるといった前提に開き直って立つものにも見えてくる。ゆえにカフカはすごい、カフカはわかりきれないから人それぞれの解釈に開かれていて面白いのだ、となる。逆に、そういった断片的な解釈が許される状況では大量の解釈ゲームがはじまることにもなってしまい、カフカの小説自体から離れていってしまう都合も多いため、保坂のような小説家目線での注意が挟まれることにも納得がいくだろう。有象無象の解釈の集合体、それを大きくするという単純な足し算だけがカフカの文学にせまるとは限らない。

42

とはいえもうひとつだけ、少し変わった『訴訟』の読まれ方についても触れておきたい。それは作品の広がりを意識し、具体的には他作品である『夢』を『訴訟』とセットにして読むというものである。

わずか2000字程度の短編である『夢』には、長編小説『訴訟』の主人公と同名の人物、ヨーゼフ・Kが唯一登場する。『夢』のKは『訴訟』のKと同一人物であるとも考えられているが、それは単に同じ名前を共有するからというだけではない。簡単に言えば、『夢』は『訴訟』の最終部分における別の展開として読むことができるくらいに、類似する物語構造を持つのである。まずは『夢』の内容を紹介しよう。

まず物語は「ヨーゼフ・Kは夢を見た」という最初の文から始まる。天気が良いので散歩に行こうと考えたKは、2歩も歩かないうちに墓地についてしまう。なぜかその墓地では歓声が渦巻き、何本かの旗まで振られているようである。Kは遠くから、掘り返して土を盛り上げたばかりの墓に目をつけ、彼を誘惑しているようなその墓の前で止まるつもりだった。しかし気づけばすごい勢いでその目的の墓を通り過ぎてしまいそうになり、慌てて草むらに飛び降りる。墓の前にひざまずくK。すると墓の後ろには墓石を持ち上げている2人の男と、もうひとり芸術家の男がいるのがわかった。Kを見た途端に2人の男は墓石を地面に突き立て、芸術家の男は墓石に文字を刻もうとし始めた。「Hier ruht（ここに眠るは）——」。芸術家は決められた墓碑銘を最後まで書き終えなければならないが、Kが見ているためになかなかその仕事を遂行できない。Kが落ち着くのを待ってから、芸術家はJ

という文字、最初の線を短く引いた。芸術家は憤激して墓塚の盛り土を踏んづけるが、Kは芸術家のことを理解し、自らも行動に出る。

Kは両手の指を全部使って土を掘った。土はほとんど抵抗しなかった。すべてが準備されているようだった。ただ見かけをよくするために、土をかさぶたのように薄く固めて置いていただけだ。すぐ下は、切り立った壁に囲まれて、大きな穴が口を開けていた。その穴のなかへKは、優しい流れに仰向けにされて、沈んでいった。首をまだ起こしたまま、Kはすでに、底なしの深みに受け入れられていく。そのあいだに地上では、Kの名前［Josef（ヨーゼフ）］が堂々とした飾り文字で、勢いよく墓石に刻まれていった。

その光景にうっとりしているとき、Kは目を覚ました。

（カフカ『夢』、カフカ『田舎医者／断食芸人／流刑地で』丘沢静也訳所収　141頁）

『夢』が『訴訟』の10章である「終わり」といくつもの対応関係を持つことが見て取れるのではないだろうか。まずは空中を一気に運ばれるかのような墓地までの到着と、石切り場にたどり着くまでの葛藤に満ちた道のりの対比。そこには歓声に満ち溢れた場と、荒涼とし見捨てられたかのような場の違いも現れる。石の前で膝をつく祈りの姿勢と、石に背中を預けて頭を載せた、処刑される者の姿勢。芸術家がKの名前を刻もうとする石と、処刑されるKの背中を押し当てるための石。自ら柔らかな流れを感じつつ墓穴へ飛び込むのと、恥辱を残して救いを求めながらも殺されるというエンディング。短編の中に詰め込まれたこれらすべての対称性をみて、『夢』が明らかな形で『訴訟』との強い繋がりを持つことがわかるのである。

この『夢』が、カフカがかつての出来栄えに納得できなかったとして、『訴訟』10章の「終わり」を補完するために書き直されたものだとする解釈もある。カフカ研究者の上江憲治は、まず独特の執筆方法が取られた『訴訟』にカフカの「失敗」を見ている。ひらたくいえば、短距離ランナーであるカフカが長距離ランナーに変わることに失敗した、とでも言い換えられるだろうか。

1912年9月22日の夜から23日の朝にかけて、カフカは、一気に『判決』を書き上げた。この執筆体験を通して、カフカは、予め筋を決めることなく、「暗いトンネルの中」を進むように「一気に」書くという独自の方法を獲得した。以後、カフカはその

ような書き方を理想として作品を執筆するようになる。

（「もうひとつの『最期』」、『カフカの長編小説』所収　95頁）

しかし、そのような執筆方法によって長編の作品を完成させるのは極めて困難であった。実際に、長編『失踪者』は１９１１年末にその原型となる小説が書かれたが、カフカ自身によって破棄され、１９１２年から新たに書き直された草稿も未完のままであった。１９１３年に草稿の第一章が『火夫―ある断章』と題する独立した短編として出版されたものの、『訴訟』が執筆されている時期にもまだ『失踪者』の断章が書き続けられていた。

（「もうひとつの『最期』」、『カフカの長編小説』所収　96頁）

はじめに述べた通り、『訴訟』における1章「逮捕」と10章「終わり」は、ほぼ同時期に書かれたことが明らかになっている。カフカは『訴訟』を書くにあたって、『失踪者』の時と同じ失敗をしないために、あえて物語の始まりと終わりを先に書いてしまうという実験的な方法をとったのである。物語における30歳の誕生日から31歳の誕生日前日までという期間の設定もまた、枠を固定して必ずこの長編を完成させようというカフカの意志の表れと見ることができる。*5

しかしながら、やはり『訴訟』の執筆方法は、カフカの理想の書き方とは矛盾しているように見える。上江は、恥辱にまみれて死んでいくKの様子をカフカ自身の自己認識として重ねながら、満足のいかない終わりとして読み込んでいる。そこから『夢』の代理案が出てくるのだ。以下引用における上江の文章では10章の「終わり」は「最期」として、『夢』は『ある夢』として訳されている。

しかしカフカの中に、「最期」の章を、ひいては『訴訟』全体を上手く締めくくることができなかったのではないか、という疑念が残ったことは間違いないであろう。この疑念は、執筆開始から半年もたたないうちに、「逮捕」と「最期」の章の間を埋める作業が滞り、実質的に『訴訟』が頓挫した時には、確信に変わっていたと思われる。そうでなければ、ヨーゼフ・Kのもうひとつの死を描いた『ある夢』が書かれることはなかったであろう。『ある夢』は、「最期」の章に代わるもの、あるいは「最期」の章を補完するものとして書かれたのである。

（「もうひとつの『最期』」、『カフカの長編小説』所収　104頁）

43

長くなってしまったが、これらがカフカの長編小説『訴訟』に関する、一定の説得力を持つような論述になる。日記の文章を信じてカフカの内面世界を描いたと考える心理的解釈や、彼の二面性（ユダヤ的、裁判所役人的）を元にした社会的解釈があった。Kの女性蔑視や女性の私的な領域に強引に入り込もうとする様を裁く物語と読むこともできた。あるいはカフカの執筆方法から生まれる困難をふまえて、納得のいかない『訴訟』のエンディングを補完するものとしての『夢』を併せて読む可能性も示唆されている。以上の解釈をふまえて、いくらか『訴訟』の全体的な印象がつかめてきたのではないだろうか。

しかしまだこれでも、よくよく考えてみればいくつかの謎は残っている。たとえば章ごとの展開や物語における比重を考えても、女性関係の問題だけが作品のすべてに関与しているとは言い切れないのではないか。確かにKの罪に注目するのには納得がいくが、それだけにこだわると断片化された小説の大きな部分を失うことにもなりかねない。また、古川がいうように「女への欲望やその道具化、出世欲、他人を蔑む視線といったものが、異様な裁判所を呼び出して断罪せねばならぬほどの重罪であるとは言えないのではないか。〈中略〉Kに罪があるとしても、それは総じて誰もが抱えている罪の範囲を超えてはいないように思われる」[*6]。

『訴訟』の失敗を補うために『夢』が存在しているというのも、はたして本当にそれが失敗しているのかどうかは確かめようがない。並列におくといっても、それはある単語や描写における対称性が見られるためにそう考えられたのであって、『夢』の物語内容が何を意味しているかまでは考えられていない。失敗を補うため、であったとしてもではなぜ『夢』が補うことになるのかはわからない。

未完ということについても謎は残る。『訴訟』にまつわる未完成の断片的なテクストがあり、それを並び替えるように作品に差し込むことができたからといって、そもそも物語を普通に読む限りはどこが未完なのかわからないような印象を持つのではないだろうか。似たことは集英社文庫ヘリテージシリーズの『カフカ』作品解題を担当する川島隆も指摘していて、「断片群に目を向ければ、たしかに当初の小説構想には収まらない枝葉の部分が増殖し、無限に分岐していきそうな気配を示しているにせよ、ひとまず完成した章には多くの場合、明らかに前後関係と一本のストーリーが存在しており、そこには樹木の『幹』と呼ぶべきものが厳然としてあると言わざるを得ない」。[*7]

謎だらけだ。謎は多くの場合、当たり前のように残されてしまう。

最後までKの罪がわからないというのも、長いあいだ謎とされてきた。だがここで疑問なのは、なぜ人々はそれを謎と思ってしまうのかということだ。端的に言えば、わからないという回答だってある。むしろ、罪がわからないことが、そのまま答えになることだって考えられるのではないだろうか。似たことは未完についてもいえる。作者が未完といっていたら、それは未完なのだろうか。なぜ、未完としながらもそれを暫定的な完成形として持つような作品と考えてこなかったのだろうか。カフカの答えをありのままに受け止めていないからこそ、罪が描かれないことが謎であるかのように、作品は未完で謎だらけのように見えてしまっているだけなのではないか。

無論、ありのままに受け止められなかったというのは考えられる。先に述べた通り、カフカは、自分自身を内側から体験するように執筆するのであった。であるならば、ある種の不可能性をふまえた上で、それでもカフカが自身で体験したような「流れ」の総体まるごと、もしくはその類似を掴んでいかなければ、カフカが描いた物語を読むことは難しくなる。

研究者の姿勢としてしばしば目立つのは、カフカの実際の生活を調べ上げ、日記など断片のエビデンスを元に文章を読んでいくことである。これはアカデミズムにはよくある手法なのであろう。しかし、よく見てみれば、やはり研究者自身の解釈をまず作り、そこに対応する文章の断片をエビデンス的に持ってきて、ある種の恣意的な論理付けをしていくといった作業が目立つのではないか。そういう場合のほとんどが、カフカのある部分についてはは言えることがあっても、作品や文学の全体を一貫するような鉱脈を見つけられていない。論立てることができない。暗黙の了解で長年培われてきた「カフカの語り方」というものが固定的であるようにも感じている。「だからカフカはわからない」という決め台詞との共謀。

そうした状況を小説家の保坂和志らが批判するのも当然のことであろう。小説家からみても、カフカを材料にした浅い読みしかなされない状況。浅くても深い読みというものもあって、むしろ解釈など意識せずにカフカの小説自体を、読むこと自体を楽しむべきと考えるのも説得的である。だが、それはそれで偏りも生んでしまうのではないかというのが本文の立場であった。小説の愉しみがわかる人なんて決して多くはないだろうから、小説を小説的に語る機会が増えるのは良いことだというのもわかる。それでもカフカを読むにあたっては、やはり解釈も含めた、そして彼のような内面における体験の流れをもふまえた総合的な読みが必要になると考える。それは小説家の人たちからしたら、普通に読むということなのかもしれないが、とにかく偏りを避けたままに、あるがままにオーソドックスに、カフカを読む作業が求められる。そうしないといつまでもカフカには届かない。届かないが正解ということにされたままになる。されてしまう。カフカは孤独になる気がする。

44

やや話が話が脱線してしまった。読者たちが引き継いできたカフカの謎についての答えを提示してみよう。カフカを体験できているのかどうか、それは知ることもできないが、ひとまずこのように読むことができるのではないか。

『訴訟』とは、「郵便的不安」による死を描いた物語である。いきなり自分が死ぬことをほのめかされてしまった人間が、なぜ自分は死ぬ方向に向かっているのかを探し続ける物語である。Kにはその理由はわからない。なんだかわからないが、死に向かってしまう。理由を一向に掴めないまま死に至る。監督も、番人も、予審判事も、笞打人も、弁護士も、画家も、僧侶も、全員がKが死ぬことが決まっているという前提で行動し、死ぬ理由については一切教えてくれない。Kが堂々巡りをする過程に、大きな分量を割いて物語は積み重ねられていく。自分が死ぬのかどうか、それはまだはっきりとは確定していないがいつかは確実に決まるはずだという感覚のもと、裁判が示唆する確率のなかで不安に揺らされる様子が描かれる。社会ではそう決められてしまっているから、Kも逮捕され、裁判にかかり、処刑されるしかない。商人ブロックのように、他の人もそうであるのだからKも飲み込むしかない。答えのない迷宮のようなプロセスに閉じ込められたまま、その不安は日常をも狂わせる。そうしてある日、最後まで何が何だかわからないまま、死に至る。

Kの女性関係に関しては、Kの「存在論的な不安」の現れだと考えられる。Kには潜在的な女性への罪の意識があると解釈する。カフカは、「郵便的不安」の存在との区別をするために、Kの女性関係についての記述を設けたのではないだろうか。Kは「存在論的不安」を持つものの、それは彼を死に至らしめる原因としてはやはり不十分であろうと物語からは読み取れる。「存在論的不安」ではない、何か得体の知れない「郵便的不安」が彼を死に至らしめるのである。

「郵便的不安」による自殺へと追い込まれる人間も、Kと似たような生活を送るのではないか。ふと現れた「死にたい」とそのわけのわからなさに疲弊させられながらも、切実に答えを探し続けていく。心当たりのある「存在論的不安」とは異なる、やはり別の何かが自分を自殺へと追い込んでいく。

こう考えたとき、なぜ『夢』が『訴訟』の「終わり」とまるで並行関係にあるかのように描かれたのにも納得がいく。『夢』とは、Kが自らの死に納得をする物語であり、それは芸術家の存在によってもたらされる。Kが死ぬということは決められているものの、彼からKは答えを得て、自ら穴の中に飛び込むのである。芸術家と通じ合ったかのような様子があるだけで、その答え自体は描かれない。しかし迷宮に迷い込んだかのように理由を求めていたKにとっては、答えという形式を与えられるだけでも大きな救いになる。もちろん不幸なことであれ、理由がわかればまだ幸せに死ぬことができる。だが「郵便的不安」にそんな事態は訪れない。「郵便的不安」においては、うっとりと自殺を享受することすら難しいのだ。だから、短編で描かれるこの物語は『夢』なのである。『夢』とは、「郵便的不安」を蝶番のようにして『訴訟』と関係づけられる作品である。『夢』の存在は、『訴訟』を「郵便的不安」の物語として読む可能性をさらに強く示唆するものである。

なぜ『訴訟』が未完であるのか、についても答えよう。先にも軽く触れたとおり、これは「完成されている未完」なのであるから、未完のままで良い。未完であるには理由があって、むしろ未完という状態を保っておく必要がある。そうしなければ『訴訟』の物語との間に齟齬を生むことになるからだ。『訴訟』で描かれるのは、死に至る理由の発見不可能性である。答えのない迷宮のような、時間の牢獄のような、だらだらときりのないプロセスを存在させるのにどのような表現が効果的かと考えれば、それは物語の始めと終わりだけ決めておいて、そのあいだを常に可動的な過程として「ひらいておく」しかないのではないだろうか。その領域は永遠かのように間延びする。だから『訴訟』は未完なのだ。未完という形式において完成する、未完でしかあり得ない物語なのである。原題のドイツ語「プロツェス」は英語の「プロセス」である。であるならば、『訴訟』とは「過程」をも意味する物語である。

『訴訟』とは一体何なのか。心理的解釈としては、それはまず夢ではない。わけのわからない不安をいきなり抱え込むようになった生活を、二重化した現実の見え方として提示する。社会的解釈としては、不安に答えが得られず、いつまでも引き延ばされていくかのような様相を、腐敗した官僚社会のシステムに照らし合わせ表現している。潜在的な罪の意識を女性とのやりとりの中に読み込むことはできるが、本文ではそれを「存在論的不安」の現れとして整理する。なぜKの罪がわからないのか、なぜ未完なのか、それは「郵便的不安」を描くために必要な手法として、物語の内容にも、小説の形式にも、要求されるものがあったからである。これらすべてが総合的に絡み合い導かれたものが、『訴訟』である。

『訴訟』についての記述を締めるに当たって、カフカの執筆状況についても念のため触れておく。執筆状況と執筆内容の相互作用へ全く触れないというのは、ときにあり得ない手法として非難されるかもしれない。1914年8月中旬に書き始められた『訴訟』の背景としてよく指摘されるのは、カフカと恋人のフェリスとの間に起きた出来事である。同年6月にカフカは彼女と婚約したのだが、カフカの不倫が疑われ、早くも7月には婚約を解消している。執筆の背景をなすのは、私的な事件だけではない。のちの第一次世界大戦に発展する戦争が勃発する。カフカは戦争には行かずに、法律的知識を持つ災害保険局の職員として働いていた。[*8]恋人への罪悪感や想いが存在論的な不安に、そして戦時下に数の論理で処理されるかのような感覚は郵便的な不安につながるものとして考えられる。

45

カフカは自殺したい人だった。

ぼくの人生は、自殺したいという願望を払いのけることだけに、費やされてしまった。

（『絶望名人カフカの人生論』84頁）

彼が残した日記のなかには、断片としていくつもの「死にたい」が書き綴られている。何度も自殺を考え、ほとんどいつも死にたいと思っているような様子である。

だがカフカは自殺しなかった。彼の死因は結核である。

なぜ彼は自殺しなかったのか。

まずカフカは、現在巷に溢れている自己啓発書のような仕方で希望を授かっていたのではないと思う。典型的な自己啓発書の言葉はさまざまな読者の元に届きやすい一方で、本来の趣旨や感情といった豊かな文脈を極めて簡素なものにしてしまう。皮肉なことに、カフカ自身の言葉が断片的に自己啓発書に使われてしまう状況にもなってしまったのだが、そしてそうであっても元気な人が増えるのであればそれで良いと開き直ってみることもできるのだろうが、カフカ自身は安直な希望など、すぐに簡単に手に入るような希望など、自分自身への処方箋として機能しないことは深く理解していただろう。

ぼくは自分の弱さによって、ぼくの時代のネガティブな面に否応なしに気づかされてきた。ポジティブなものは、ほんのわずかでも身につけなかった。ネガティブなものも、ポジティブと紙一重の、底の浅いものは身につけなかった。

(『カフカはなぜ自殺しなかったのか』 7頁)

このような言葉も残しているくらいだから、カフカ自身も、自己啓発書に書かれるような共感的なメッセージが、彼のネガティブなものを救ってくれるとは思わないはずだ。それは底の浅いものではないのである。

彼の自殺への思いは、日常的に残した手記の中だけに宿るのではない。むしろ手記の中には、どこか気楽な仕方で「死にたい」という言葉が呟かれているに過ぎないのかもしれない。「死にたい」とこぼすことと、「死にたい」について考えることは違う。そしてカフカは、「死にたい」について考えぬいた作家である。自殺への抵抗の場は、必然的に彼の小説世界ということになるだろう。

カフカは、自殺にまつわる様々な感情や、自殺がもたらす家族や社会への影響力について、ひとつひとつの作品ごとに表現してきたのではないか。

たとえば『巣穴』という、ひたすら穴を掘り続けるモグラのような動物の視点から語られる物語があるが、モグラはどれだけ地中に安全な逃げ道を確保しようとしても、常にどこかにいる「巨大な動物」から命を脅かされてしまう。不安から生まれるあらゆる可能性を吟味し、絶え間ない思弁の中で消耗していく様は、まさに人々が孤独の中で神経をすり減らす過程のようである。認知行動療法でいうところの「自動思考」の部分を認識できず、感情を整理することができていない。

『流刑地にて』では、とある植民地の島を舞台に、判決文を囚人の身体に直接刻み込む「独特な装置」が登場する。そもそも自分に判決が下されたかどうかも知らない囚人に対して刑は執行されるのだが、処刑の際には「独特な装置」によって判決が身体に刻まれ、その過程で囚人は絶命する。この装置の維持に異様なまでの情熱を燃やす士官は、司令官の新旧交代に伴ってこの処刑方法が廃止に向かうことが避けられないことがわかると、自分自身を装置にかけて処刑を始める。だがこの自殺のプロセスは装置の故障と共に失敗に終わり、士官は、自らが用意した「正しくあれ!」という文字を刻み込まれることもないままに無残な最期を遂げる。

他の作品もその多くが「死にたい」の求心力に誘われていることが読み取れるのだが、この機会にそのすべてを明かすことは難しい。ひとまず本文で扱った『変身』、『訴訟』、『夢』という作品群が、「死にたい」を抱えてしまった状況から導かれているのは重ねて強調するまでもない。

46

カフカは、「死にたい」から導かれた複数の作品を自身の中に響かせることで生きてきたのではないか。

ポリフォニーという言葉がある。もともとは音楽用語であるが、ロシア／ソ連の哲学者、ミハイル・バフチンが文学作品を分析する際に転用したもので、「多声性」という意味を持っている。複数の声が並び立つことで、ひとつの声に収斂しない様とでも言えるだろうか。

バフチンは『ドストエフスキーの諸問題』において、「ポリフォニー」の例としてドストエフスキーの小説を分析している。ドストエフスキーの作品には観念的な論争がたびたび含まれている。『カラマーゾフの兄弟』を読んだことのある人であれば、無神論者のイワンと修行僧のアリョーシャが神と信仰を巡って延々と論争を繰り広げる場面などが頭に浮かぶかもしれない。けれどもドストエフスキーの小説では、イワンやアリョーシャだけではなく登場人物のほとんどが、規模の程度の差こそあれ、同じように都度の対話の主導権をめぐって争い続けているのだ。彼の長編を読んだ印象として、はたしてだれが本当に正しいことを言っているのか、だれがドストエフスキー自身の立場にいちばん近いのかなど、正解がわからない感じを覚えた読者は少なくないのではないだろうか。バフチンによれば、ゆえにドストエフスキーの小説の特徴とは、登場人物たちが「極度の自立性」を持つということになる。それぞれの声がれっきとした価値を持ち、互いに溶け合うことがない。そして対話は終わらない。

声による対話は、決して複数の人を必要とするわけではないということもポイントである。それは人ひとりの中でも起こる。東浩紀も指摘しているように、バフチンがドストエフスキーの中編小説『地下室の手記』を重視したのは、そこに「自己ツッコミ」を続ける孤独な男性の手記が描かれていたからであった。[*4] 手記といっても、単なる一人称ではない。主人公はたえず他人の視線を気にして、自ら想定した非難や反論に答え続けているような人物であるため、それは必然的に複数の「声」を持ち、終わらない「自己ツッコミ」のなかに他者性を抱え込んでいるのである。純粋なモノローグになりきれない声、バフチンはここに人ひとりでも成り立つポリフォニーの様相を見出している。

「ポリフォニー」のように対話が終わらない状況とは、いつまでも可能性に「開かれた」状況ともいえる。安定したひとつの答えには完結せず、答えの入れ替わりが失敗ではないと考えること。かつ、それでもひとつひとつの声自体は、独立した強度を持ったままでいるということ。複数の声による対話的な構造は、声の強度を活かしたまま、ひとつの声に収斂することだけを阻み続ける。

カフカは自殺しなかった。それは「死にたい」に関して考えざるを得ないことから生まれた作品たちが、終生「ポリフォニー」のようにして彼の中でうごめき続けていたからではないか。おのおのの作品が、「死にたい」の問題系に関しての多様な切り口から語られている。ケースバイケースで考え抜かれたそのどれもが、その時点でのカフカにとっての答えであったはずである。「死にたい」に悩みながらも都度抽出してきたひとつひとつの声は、どれもが「極度に自立」していて、さらに声が複数に蓄積されていけばより大きな総体を導く。

カフカは、社会批判などの解釈を許すような構造的な要素を、自由な散文として記した。

あるテーマに向けたカフカの思考の断片のようなものは、比較的簡単に読み取れる。だが、その断片がいかなる「流れ」の中で導かれたのか。それを理解することなくしては、断片ごとの解釈がカフカの文学性からますます距離をあけてしまう結果を生むだろう。カフカの中に流れていたものは、彼の日記における断片的な言葉の連なりや、彼の生活状況などのエビデンスに頼った分析だけを経てたどり着くものでもなく、ただただ真摯に小説の中へと秘められている。秘められているといっても、カフカ自身はわかりやすく、ただ自分が生きるために同じ「流れ」のもとで作品を書き続けていた。それを示すのが「ポリフォニー」のような作品群の存在である。「死にたい」から考えるという「流れ」の中でこそ、思考の断片をより大きな塊として理解することができる。そうやって総合的にありのままにカフカを読んだとき、なぜカフカが自殺しなかったのか、少しわかるような気がしてくる。いくつもの声を、納得できるような強度を持った複数の声を、カフカは自分の中で響かせていたのである。だからこそ、カフカは自殺しなかった。そして、その力強い楽の音は現在にも届けられる。

ある朝、グレーゴル・ザムザがなにか気がかりな夢から目をさますと、自分が寝床の中で一匹の巨大な虫に変っているのを発見した。

（『変身』高橋義孝訳　5頁）

誰かがヨーゼフ・Kを中傷したに違いない。なにしろ、何も悪いことはしていないのに、ある朝、逮捕されたのだから。

（『訴訟』川島隆訳、多和田葉子編『カフカ』所収　313頁）

本文で扱った『変身』と『訴訟』は、他の作品にはない唯一の、共通する特徴をその書き出しに持っている。人が「死にたい」を抱えてしまった瞬間は、このようにして描写されてきたのではないだろうか。

［第12章　注釈］

＊1　「ユダヤ教徒像とユダヤ人問題」、『カフカの長編小説』所収　76頁
＊2　「ユダヤ教徒像とユダヤ人問題」、『カフカの長編小説』所収　76頁
＊3　「描かれるのは個人か社会か」、『カフカの長編小説』所収　67頁
＊4　多和田葉子編『カフカ』　752頁
＊5　「もうひとつの『最期』」、『カフカの長編小説』所収　98頁
＊6　「描かれるのは個人か社会か」、『カフカの長編小説』所収　74頁
＊7　多和田葉子編『カフカ』　774頁
＊8　『カフカの長編小説』　4頁

日常的な延命

日常的な延命、まずそれは「死にたい」から考えることで始まる。「死にたい」から、どうにか生きるために考えたい。「死にたい」を起点にして、生きる方法を考えたい。

人は「死にたい」と発することで延命をはかる。誰かに助けてもらいたい。だがとりわけ身近な家族や友人に相談することは難しい。これが親密圏の持つ問題であった。親密圏の外側に「死にたい」の声を投げかけたとき、SNS上で犯罪に巻き込まれてしまう事件さえ起きてしまった。この日常的な「死にたい」の声が封じられてしまいがちな状況で、どのように「死にたい」事態を補うのか。そのために「死にたい」という声自体も分析の対象に置いてみた。SNSを調査するとそこには承認と安心という2つの願望が現れていることがわかった。しかし後者の安心の願望に関しては、そもそもその存在すら見過ごされがちなのである。承認欲求という言葉の強度によって安心欲求は覆い隠されてしまう。安心を得たいと思うがあまり、「死にたい」の声が遠くの他者へと盲目的に依存することにもつながりかねない。安心の感覚自体の総量を増やすことが必要となる。

宇野や坂口の議論を参照しながら本文がたどり着いたのは、日常×自分の物語という安心欲求へのアプローチだ。まずは自分の好きなことをしてみよう。これならからだが動くな、ひとりでも楽しいなという時間を過ごしてみる。さらにはそれを日課にし、継続していく。制作につながれば、好きなことが経済を生み出したりもするだろう。承認欲求が強く作用しない範囲で他者との関わりも広げていくことができる。

制作が難しいなどの理由があれば、海外に出て新たな日常を始めてみるのも一つの手である。ひきこもるように海外移住することで抱えていた困難との関係もいちど断つことができるし、擬似的に死ぬような感覚は、苦しいまま動けずに困っていた事態への助けにもなるはずだ。ただ好きなように日常を送ればよい。新たな環境で得る関係性も支えになってくれる。

どうにも動けないけど作品だけは観れるなどの場合。「死にたい」から逃れるための足がかりは、もちろん作品の中にだってある。個人作家のアニメーションは、たとえそれが他人の物語であったとしても、自分自身の存在を多面的に肯定する契機を与えてくれるだろう。ベケットの思考に触れてラディカルな生への切り替え方を身につけることだってできる。そういった作品は自身の「死にたい」をさらに深く考えるための足がかりを与えてくれる。

ただ、その時に「生きよう」と思えたとしても、またすぐに「生きよう」の効能が切れてしまう可能性も考慮に入れておきたい。すべての主張が相対化されてしまう、その速度がはやまる背景があるとすれば、たとえばデジタル環境に慣れ、抱え込んだ多量の情報とともになめらかになった「バーチャルな主体」の感覚が想定される。多動的すぎて自分の思い通りにならないこの感覚を地に足のついたものにすることも、生きたい気持ちを深く長く享受するための助けになるかもしれない。ヒントとなるのは過剰性による脱文脈化と、生き生きとした新たな現在の時間感覚を身に持つことである。

なんだかよくわからないけど死にたくなるときは、みんなが自殺するように自分も死ぬのかなどと、自らを大きな数の一部のように扱ってはいけない。死にたくさせてしまう社会の中に原因があるかもしれないと考える。たとえば安心欲求の問題であれば、そういった原因に対してのアプローチを講じてから様子を見る。社会のなかにある自殺の回路からいまの自分は外れているのだと認識する。あえて構造的な理路を作り、自分をその理路から剝がすような実感を持つことができれば、幽霊的「死にたい」の声も小さくなっていくかもしれない。

たとえ「死にたい」という声を発するのが難しい状況に置かれてしまい、いまある社会のせいで孤独に「死にたい」に向かい合わざるを得なくなってしまったとしても。制作でもよい。ひきこもり移民でもよい。個人作家アニメーションの鑑賞でも、ベケットの知見でもよい。なにか自分自身を楽にしてくれる方法が日常のなかにはきっとある。幽霊的「死にたい」のような事態にだって対応できる。

ひとつひとつ切実に蓄えていったストックは強度を持つ。これらすべての延命法を、自分のなかでポリフォニーのように響かせる。たとえひとつの方法が効能を薄めてしまったとしても、その時はしばらく別の方法に寄りかかっておけば良い。すると効能を薄めていたひとつの方法は再度の輝きを取り戻しているからだ。これはゲームでいうところのＨＰやＭＰを取り戻すようなものだと思ってもらって構わない。「死にたい」感覚を中和するため、いくつかの方法を循環させるのである。

ここでまたイメージの話をしてしまい馬鹿馬鹿しいと思われるかもしれないが、脚の筋トレをして、脚が動かなくなっているうちは背中を鍛えてみたり、背中が使えないときは腕を鍛えてみるのと同じだ。それぞれの断片は異なる時間性を持ちながら、どれもが現在の私自身を支えている。ひとつひとつが抜かりなく切実なものであれば、延命はひとつの全体のなかに簡単に溶けていってしまったりはしない。あくまでも独立した声が集まったポリフォニーであること。

それらは巷に溢れた「死にたい」への対処法ではなく、いちど自らの手で脱色し、試行錯誤とともに再度色付けをした「声」の集合でもあることを思い出そう。新たにストックしたものが動き、循環し始めるとき、「死にたい」に対してとる姿勢は「アクチュアル」なものとなる。

カフカは文学作品だけでこれらのことを全てやってしまえるのかもしれないが、不器用な私の場合は分野も含めてとっちらかってしまう。制作か、移民か、作品鑑賞か、身体運用か。それらは互いに統合されるわけではないが、固有の声としてただ私の中にあるものだ。それらの作動が、厳格な管理とは関係なしに、循環しているような状態。ここに生きる道筋を見出した。

とりあえずはこれが、私の日常的な延命である。あなたのそれは、どのようなかたちを持っているのだろう。

あとがき

末筆になってしまいましたが、まず座間九人殺害事件のご遺族に謹んで哀悼の意を表すとともに、犠牲となった9名の被害者の方々のご冥福を心よりお祈り申し上げます。

＊　＊　＊

本書を書くにあたって意識したことは思い出せないくらいあるのだが……まずは自身のメンタルヘルスについて、全ての人がもっと気軽に話せるような状況が訪れたらいいなと考えていた。たとえば「自殺」に関係する本を書いたり、音楽の作詞過程などで「自殺」にまつわるニュアンスを含めようとするだけでも、年長世代から違和感を示されることは多い。私自身、私よりもひと回りふた回りも年長の文筆家たちが、新たにデビューする若手作家に対して「自殺とかそういうのを扱ってデビューしようとするのはイマイチじゃないか」といったニュアンスの発言をする場面を見てきた。彼らがそう指摘する理由もあるのだろうが、一方で私は「自殺」についても言及する同世代の作家たちにも共感を持っていた。「自殺」を口に出してしまう状況や必然性があるのかもしれないし、もっと活発に自らをケアすることに関してのやりとりがあっても良い。そうした動きのなかで、より気軽に心理士や精神科医の先生方に相談したり、頼ることもできるようになるのかもしれない。

とりわけ私なりに意識したのは、「ひきこもり」の感覚である。厳しい社会のなかで生きていれば心身が擦り切れることも多い。他者であれ、「ひきこもり」という自分を守るための動きには十分納得できる。だが一方でひきこもっているだけではなかなか事態も良い方へと進んでいかないといった状況すらあり得るのだ。自分を守るための「ひきこもり」が、長い目でみれば逆に自らの首を絞めてしまう機会にもなりかねない。だから本書では、本当の意味で自分を守るような「ひきこもり」とは何かを考えたつもりだ。それは言い換えれば、ひきこもりながらもひきこもりにならない「ひきこもり」である。制作でも移民でも作品鑑賞でも筋トレでも良い。ひきこもりながら、その動力を活かして自らを前向きに変化させていくこと。人との関わりへと再び開いていく、その準備とすること。私は現在の「ひきこもり」の可能性をそのように解釈する。これは私の「ひきこもり」論でもある。

＊＊＊

この場を借りて、お世話になった方々に御礼を申し上げたい。じつはこの本に登場する方々には私の方で勝手にお世話になってきていて、そのおかげで執筆することもできたと思っている。それまでの人生でまともに本なんて読んだこともなく、「まず活字が無理」状態だった私に道を開いてくれたのは宇野常寛さんだ。大学生のときに本屋でたまたま手に取った文庫版『ゼロ年代の想像力』のなかに、たまたま私の地元について扱った作品の記載があった。いま考えても、あの大衆的なコンテンツ群のなかにしか当時の私に届く回路はなかったと思う。そのうち本を読むことができるようになっていき、死んでしまおうか悩んでいた2010年代序盤の私に坂口恭平さんの言葉も届くようになった。私は「いのっちの電話」にかけたことはないが、いくつもの著作を通して励まされていたはずだ。数年間の留学生活から帰ってきた私は、東浩紀さんが立ち上げたゲンロンの存在を知り、批評再生塾にほぼ間違えて参加してしまった。まわりの受講生との意識の差に驚いたことを印象深く覚えている。それでも東さんが用意してくれた場や、そこで示される姿勢から得たものはとても大きく、現在に繋がっている。本書の内容が東さんの哲学に感化されていることは、改めて強調するまでもない。主任講師だった佐々木敦さんの影響も大きい。

佐々木さんの背中をみながら、数多くの作家や豊かな作品群にも出会わせてもらえた。生々しい批評のやり取りは楽しく、生きる糧になった。土居伸彰さんの活動からは、自分の瞳を取り戻すかのような刺激を受けた。当時はアニメーション自体を見る眼差しはあれど、アニメーションを通じて見る眼差しを欠いているのだと思い、作品から自分のことを考えるきっかけになった。私のことを支えてくれた方々のことは、とてもこの場では紹介しきれない。皆さまのおかげでいまがあると思っています。ありがとうございます。

「生活と芸術」を掲げる出版社ナナルイの鈴木薫さん、正子さんご夫妻にも特別な感謝を。最初のきっかけはアートにまつわる別の企画でのことだったと記憶しています。あたたかな雰囲気のホームパーティを通して色々なお話をさせていただき、数年を経たいま一緒にこの本を作れることを、大変嬉しく思っています。執筆中もつねに前向きに励ましてくださり、最高の環境で作業に取り組むことができました。おふたりの存在なくしては私のこの1冊目の本が出来上がることはなかったです。ありがとうございます。

ナナルイのおふたりからご紹介いただいた吉野章さんには、本書の組版とカバーのデザインを手がけていただきました。吉野さんが早い段階から本文を深く読み込み、本文に適した組版を具体的に提案してくれたことは、常々大きな励みになりました。ありがとうございます。

地道な編集作業に協力してくださったメディア・アーティストのＮＩＬさん、表紙に素敵な衣装をまとわせてくださった現代美術家の大東忍さんにも御礼を申し上げたい。おふたりともご自身の活動もあり忙しいなかで、快く本書の制作を引き受けてくださった。ＮＩＬさんがいつも話しやすい環境を整えてくれたこと、大東さんが表紙制作に取りかかる度に丁寧に本文の意図を汲もうとしてくれたこと、感謝しています。

最後に、読者の皆さまへ。私は、皆さんが抱える「死にたい」について、わかっているわけではありません。むしろ、わかるわけがないと思っています。わかるわけがないと知りながら、暗闇で手をのばす姿勢だけでも形にしてみました。本書をお読みいただき、ありがとうございます。

２０２３年12月　東京　自由が丘にて

小川　和

＊＊＊

改稿のタイミングでなんとなしに気がついたことが一つあって、それは新鮮な驚きを自分へもたらすとともに、どこか暗い足下から前を向かせてくれる出来事だった。本文についてメタ的な（外側の次元の超越的な）立場から語ることは恥ずかしくもあり、それを恥ずかしいと書くことも恥ずかしく感じたり、またむしろ同様の立場の他人の恥ずかしさに恥ずかしさを感じることすら恥ずかしいと感じるのだから恥ずかしくないのかもしれないが、そういったきりのなさの中で生きることはもはや常であるため、今回はここでしか書けないだろうという流れに従ってただ書いてみたい。

ある日気がついたのは、本文における主要な3つの議論が、それぞれに自分自身の悩みの根幹へと直結しているの**かもしれない**ということだった。本文には第1部の「安心欲求論」、第2部の「バーチャル／アクチュアル主体論」、第3部の「幽霊的『死にたい』論」が置かれているが、これらは順に、「回避性パーソナリティ障害」、「注意欠如多動症（ADHD）」、「不安神経症」の傾向に対応している可能性がある。ここでもあらゆる複数の可能性を免れない事実を頭に置いた上でいうなら、たとえば**ひとつの読みとして**、そのように考えられる。さらに留意を付け加えておくと、これらは明るみに出されるのを待っていた表象を優先するというようなものではなくて、ただ情動の方向性に関わるものとして言及される。文章に書かれているものが「何かである」と決めつけるのではなく、あくまでもそこで「何が為されているのか」を考えているだけである。

ここではっきりと医学的に自分の症状について言及する意図もないし、先に記した状況は「〜のようなもの」としてただある傾向と捉えてもらえればよい。それぞれ「傷つくことや失敗を恐れるあまりに人との関わりを極端に抑制してしまい、社会生活が困難になっている状況」、「なにかに注意し続けることができなかったり、じっとしていられなかったり、突然現れる感情や行動をうまく抑制できない状況」、「理由に不釣り合いな不安や恐怖の感情が、普段とは異なる形で過剰につきまとってしまい、日常生活に支障をきたしてしまう状況」に近いものである。

これらの傾向は、20代から今に至る上での自分が抱えてきた苦労に納得のできる形で重なっていた。２０１０年代の到来を18歳の大学1年生で迎え、時代の傾向に半ば強制的に順応させられるように生きてきた自分がぶつかった壁、その様相が以上の症状の入り混じる形で現れているのかもしれない。それらはたとえば90年代の「終わりなき日常」(宮台真司)や『完全自殺マニュアル』(鶴見済)、ゼロ年代の「サヴァイヴ」(宇野常寛)などの文脈とは別に、自らが意識していない背景から『日常的な延命』を色濃く用意していた。

もちろんこれ以外にもなんとなく自覚している苦労はあるのだが、こうした症状の(掛け算とまではいわないが)重なりのなかに人それぞれの「固有の病」というものがあって、重なりからもたらされる「固有の病」を表現している誰かを探そうとして結果的に書かれたのが第4部の「フランツ・カフカ論」なのだろう。時代を隔てても抱えてしまう状況の構造が似通うことはあり、たとえば夏目漱石の作品を読んでいるときだってそう感じることはある。

表現というのは、なるべく直接的に答えたくないものである。大前提として自分なりの迂回路を通じて間接的に表すことができなければ、わざわざ自分が表現をしたところで興味深くはならない。「回避性パーソナリティ障害」についてどうお考えですか。たとえばこのように聞かれたとして、医師や心理士のような専門家ではない自分が、科学的な教科書通りの回答をなぞったところで仕様がないのではないか。少なくとも、自分がただ混じり気のない科学的な言葉を振り回していたのでは、小さな対症療法にはなっても、それは物事を考える、表現するということにはつながっていない気がしてしまう。

「傷つくことや失敗を恐れるあまりに人との関わりを極端に抑制してしまい、社会生活が困難になっている状況」についてどのようにお考えですか。「なにかに注意し続けることができなかったり、じっとしていられなかったり、突然現れる感情や行動をうまく抑制できない状況」についてはどう考えていますか。では「理由に不釣り合いな不安や恐怖の感情が、普段とは異なる形で過剰につきまとってしまい、日常生活に支障をきたしてしまう状況」についてはいかがですか。他人からみてそれぞれに正面から嚙み合うような回答を用意することは難しいのだろうが、本文を通して、たとえば私は「安心欲求論」のように考えています。「バーチャル／アクチュアル主体論」のように、また「幽霊的『死にたい』論」のように考えていますと、ひとまず答えてしまうのかもしれない。たとえAを聞かれてAを答えず、Bのように答えていたとしても、こうした文系の表現において状況を考えるということが、わざわざ生命や倫理の場に人文知が登場することの意味でもあるだろう。

私は、誰かのためになるという意味よりもむしろ、何かの物事を「書きながら考える」

という行いを身を以て深く実感できたところに、執筆の小さな希望を持った。表現をみると結果的に、私は固有の問いを考え続けていた、ひとりの自分はそう信じている。この本が読者にどのように受け取られるのかはその興奮とは別のことであって、「書きながら考える」という基本的な姿勢を保ちながら、長く表現することを続けていきたいと思わされた。

改めて、改稿新版を手にとってくださった読者の皆さまへ、感謝を申し上げます。本書は本書なりに、あらゆる様々な方向に向けて書かれています。ここに記したテキストだけが『日常的な延命』の輪郭を形作るわけではないので、好きなように楽しんでいただけたら嬉しいです。

本書をお読みいただき、ありがとうございました。

2024年10月

小川　和

改稿新版にあたって

改稿にあたっての経緯を説明させていただきます。初版においては、本文でも参照している中森弘樹氏の著作『「死にたい」とつぶやく 座間9人殺害事件と親密圏の社会学』（慶應義塾大学出版会、2022年）からの引用に不備があり、中森氏の著作権及び著作者人格権を十分に遵守しきれていない記述が含まれておりました。この点に関して、ただちに中森氏ならびに慶應義塾大学出版会へ謝罪をし、直接の協議を重ねた上で、改稿新版を刊行する運びとなりました。改稿新版の完成に向けて真摯な対応を続けてくださった中森氏と慶應義塾大学出版会に、改めて感謝を申し上げます。

参考文献

橘玲 『世界はなぜ地獄になるのか』（小学館、2023年）
國分功一郎 『暇と退屈の倫理学』（朝日出版社、2011年）
磯部涼 『令和元年のテロリズム』（新潮社、2021年）
見田宗介 『まなざしの地獄 尽きなく生きることの社会学』（河出書房新社、2008年）
宮台真司 『透明な存在の不透明な悪意』（春秋社、1997年）
杉田俊介、立岩真也 『相模原障害者殺傷事件―優生思想とヘイトクライム』（青土社、2016年）
中森弘樹 『「死にたい」とつぶやく 座間9人殺害事件と親密圏の社会学』（慶應義塾大学出版会、2022年）
齋藤純一 『公共性』（岩波書店、2000年）
ミシェル・フーコー 『性の歴史Ⅰ 知への意志』 渡辺守章訳（新潮社、1986年）
末木新 『インターネットは自殺を防げるか―ウェブコミュニティの臨床心理学とその実践』（東京大学出版会、2013年）
アンソニー・ギデンズ 『親密性の変容―近代社会におけるセクシュアリティ、愛情、エロティシズム』 松尾精文・松川昭子訳（而立書房、1995年）
宇野常寛 『砂漠と異人たち』（朝日新聞出版、2022年）
宇野常寛 『遅いインターネット』（幻冬舎、2020年）
宇野常寛 『ひとりあそびの教科書』（河出書房新社、2023年）
宇野常寛 『ゼロ年代の想像力』（早川書房、2008年）
坂口恭平 『幸福人フー』（祥伝社、2023年）
坂口恭平 『現実脱出論』（講談社現代新書、2014年）

斎藤環、坂口恭平　『いのっちの手紙』（中央公論新社、２０２１年）
坂口恭平　『自分の薬をつくる』（晶文社、２０２０年）
坂口恭平　『苦しい時は電話して』（講談社現代新書、２０２０年）
坂口恭平　『お金の学校』（晶文社、２０２１年）
坂口恭平　『躁鬱大学』（新潮社、２０２１年）
坂口恭平　『よみぐすり』（東京書籍、２０２２年）
坂口恭平　『継続するコツ』（祥伝社、２０２２年）
坂口恭平　『幸福な絶望』（講談社、２０１５年）
坂口恭平　『坂口恭平躁鬱日記』（医学書院、２０１３年）
坂口恭平　『発光』（東京書籍、２０１７年）
坂口恭平　『土になる』（文藝春秋、２０２１年）
斎藤環、與那覇潤　『心を病んだらいけないの？　うつ病社会の処方箋』（新潮選書、２０２０年）
斎藤環　『社会的ひきこもり　終わらない思春期』（ＰＨＰ新書、１９９８年）
岡崎京子　『リバーズ・エッジ』（宝島社、１９９４年）
古市憲寿　『絶望の国の幸福な若者たち』（講談社、２０１１年）
片岡恭子　『棄国子女』（春秋社、２０１３年）
増田幸弘　『棄国ノススメ』（新評論、２０１５年）
土居伸彰　『21世紀のアニメーションがわかる本』（フィルムアート社、２０１７年）
土居伸彰　『個人的なハーモニー　ノルシュテインと現代アニメーション論』（フィルムアート社、２０１６年）
東畑開人　『居るのはつらいよ』（医学書院、２０１９年）
大橋裕之　『音楽　完全版』（ＫＡＮＺＥＮ、２０１９年）

土居伸彰『私たちにはわかってる。アニメーションが世界で最も重要だって』（青土社、2021年）
土門蘭『死ぬまで生きる日記』（生きのびるブックス、2023年）
サミュエル・ベケット『ベケット戯曲全集2 ハッピーデイズ 実験演劇集』（白水社、2018年）
佐々木敦「小島信夫の／とベケット」、図録『サミュエル・ベケット ドアはわからないくらいに開いている』岡室美奈子監修（早稲田大学坪内博士記念演劇博物館、2014年）
佐々木敦『私は小説である』（幻戯書房、2019年）
大森雄太郎『アメリカ革命とジョン・ロック』（慶應義塾大学出版会、2005年）
濱口竜介、野原位、高橋知由『カメラの前で演じること』（左右社、2015年）
斉藤綾子「『ドライブ・マイ・カー』を斜めから読む」、『「ドライブ・マイ・カー」論』佐藤元伏・冨塚亮平編著より（慶應義塾大学出版会、2023年）
三浦哲哉『「ハッピーアワー」論』（羽鳥書店、2018年）
千葉雅也「権力による身体の支配から脱すること――。哲学者千葉雅也が考える筋トレの意義」（朝日新聞DIGITAL、2019年、https://www.asahi.com/and/article/20190123/205054/）
千葉雅也「あなたにギャル男を愛していないとは言わせない―倒錯の強い定義」、『意味がない無意味』より（河出書房新社、2018年）
樋口恭介『すべて名もなき未来』（晶文社、2020年）
東浩紀『観光客の哲学 増補版』（ゲンロン、2023年）
東浩紀『訂正可能性の哲学』（ゲンロン、2023年）
レイ・カーツワイル『ポスト・ヒューマン誕生 コンピュータが人類の知性を超えるとき』井上健監訳、小野木明恵・野中香方子・福田実共訳（NHK出版、2007年）
落合陽一『デジタルネイチャー 生態系を為す汎神化した計算機による侘と寂』（PLANETS、2018年）

ユヴァル・ノア・ハラリ　『ホモ・デウス テクノロジーとサイエンスの未来』（河出書房新社、２０１８年）
竹田ダニエル　『#Z世代的価値観』（講談社、２０２３年）
カフカ　『変身』高橋義孝訳（新潮文庫、１９５２年）
「特集　執筆前夜『保坂和志さんインタビュー　第1回』」（クリエイターズワールド、２００５年6月、
https://www.creatorsworld.net/archive/tokushu/k-hosaka.html）
カフカ　『変身』池内紀訳（白水社、２００６年）
カフカ　『訴訟』川島隆訳、多和田葉子編『カフカ』より（集英社文庫ヘリテージシリーズ、２０１５年）
古川昌文　「描かれるのは個人か社会か」林嵜伸二・村上浩明編著『カフカの長編小説』より
（インプレスR&D、２０２１年）
林嵜伸二　「ユダヤ教徒像とユダヤ人問題」林嵜伸二・村上浩明編著『カフカの長編小説』より
（インプレスR&D、２０２１年）
カフカ　『夢』、カフカ『田舎医者／断食芸人／流刑地で』丘沢静也訳より（光文社古典新訳文庫、２０２２年）
上江憲治　「もうひとつの『最期』」林嵜伸二・村上浩明編著『カフカの長編小説』より
（インプレスR&D、２０２１年）
頭木弘樹　『絶望名人カフカの人生論』（新潮文庫、２０１４年）
頭木弘樹　『カフカはなぜ自殺しなかったのか 弱いからこそわかること』（春秋社、２０１６年）
ミハイル・バフチン　『ドストエフスキーの詩学』望月哲男・鈴木淳一訳（ちくま学芸文庫、１９９５年）
宮台真司　『終わりなき日常を生きろ―オウム完全克服マニュアル』（筑摩書房、１９９５年）
鶴見済　『完全自殺マニュアル』（太田出版、１９９３年）

[著者プロフィール]
小川 和（おがわ・なぎ）
1991年、千葉県生まれ。作家、批評家。慶應義塾大学文学部卒業。「ゲンロン 佐々木敦 批評再生塾」に参加し、さやわか審査員特別賞を受賞。本書がはじめての著作となる。

日常的な延命
～「死にたい」から考える～

2024年4月3日　初版発行
2025年4月7日　改稿版初版発行

著　　者　小川 和
発 行 者　鈴木 正子
発 行 所　ナナルイ
〒175-0091 東京都板橋区三園1丁目38番4号
電話 03-5248-1093　https://nanarui.com/

挿　　画　大東 忍（撮影：木村雅章）
題　　字　小川 和
デザイン・組版　bird location（吉野 章）
校　　正　佐藤京次

印刷・製本　株式会社シナノ

　ISBN 978-4-910947-06-8 C0036

図版提供
口絵（Image1, Image2）：LucyandBart, Lucy McRae & Bart Hess
図版6：Don Hertzfeldt